城市轨道交通操作岗位系列培训教材

城市轨道交通电客车司机

主　编　李江涛
副主编　贾明奔　李振山　岳丹峰
主　审　陈　东

人民交通出版社股份有限公司
China Communications Press Co.,Ltd.

内 容 提 要

本书为城市轨道交通操作岗位培训教材,以实践应用为导向,介绍了城市轨道交通电客车驾驶所涉及的专业基本原理、操作方法和安全注意事项,并提供了相应的实践引导。主要内容包括:电客车司机岗位要求、行车组织、车辆基础、信号通信系统、电客车司机作业规程、行车安全管理、电客车故障处理及救援、电客车司机应急处理和操作方法等。

本书内容信息量大、专业性强、通俗易懂,侧重城市轨道交通电客车司机岗位中涉及的基础原理及实际操作。本书可供城市轨道交通相关岗位从业人员培训使用和作为日常学习业务知识的参考资料,亦可供职业院校城市轨道交通相关专业选用。

图书在版编目(CIP)数据

城市轨道交通电客车司机/李江涛主编. — 北京:人民交通出版社股份有限公司,2017.1
城市轨道交通操作岗位系列培训教材
ISBN 978-7-114-13428-9

Ⅰ.①城… Ⅱ.①李… Ⅲ.①城市铁路—轨道交通—岗位培训—教材 Ⅳ.①U239.5

中国版本图书馆CIP数据核字(2016)第263227号

城市轨道交通操作岗位系列培训教材

书　　名:	城市轨道交通电客车司机
著 作 者:	李江涛
责任编辑:	吴燕伶
出版发行:	人民交通出版社股份有限公司
地　　址:	(100011)北京市朝阳区安定门外外馆斜街3号
网　　址:	http://www.ccpress.com.cn
销售电话:	(010)59757973
总 经 销:	人民交通出版社股份有限公司发行部
经　　销:	各地新华书店
印　　刷:	北京市密东印刷有限公司
开　　本:	787×1092　1/16
印　　张:	10
字　　数:	215千
版　　次:	2017年1月　第1版
印　　次:	2019年1月　第2次印刷
书　　号:	ISBN 978-7-114-13428-9
定　　价:	35.00元

(有印刷、装订质量问题的图书由本公司负责调换)

PREFACE 序

著述成书有三境：一曰立言传世，使命使然；二曰命运多舛，才情使然；三曰追名逐利，私欲使然。予携众编写此系列丛书，一不求"立言"传不朽，二不恣意弄才情，三不沽名钓私誉。唯一所求，以利工作。

郑州发展轨道交通八年有余，开通运营两条线46.6公里，各系统、设施设备运行均优于国家标准，服务优质，社会口碑良好。有此成效，技术、设备等外部客观条件固然重要，但是最核心、最关键的仍是人这一生产要素。然而，从全国轨道交通发展形势来看，未来五年人才"瓶颈"日益凸显。目前，全国已有44个城市轨道交通建设规划获得批复，规划总里程7000多公里，这比先前50年的发展总和还多。"十三五"期间，城市轨道交通发展将处于飞跃发展时期，相关专业技术人才将面临"断崖"处境。社会人才储备、专业院校输出将无法满足几何级增长的轨道交通行业发展需求。

至2020年末，郑州市轨道交通要运营10条以上线路，总里程突破300公里，人才需求规模达16000人之多。环视国内其他城市同期建设力度，不出此左右。振奋之余更是紧迫，紧迫之中夹杂些许担心。思忖良久，唯立足自身，"引智"和"造才"双管齐下，方可破解人才困局，得轨道交通发展始终，以出行之便、生活之利飨商都社会各界，助力国家中心城市和国际商都建设。

郑州市轨道交通通过校园招聘和订单班组建，自我培养各类专业技术人员逾3000人。订单班组建五年来，以高职高专院校的理论教学为辅，以参与轨道交通设计、建设和各专业各系统设备生产供应单位的专家实践教学为主，通过不断创新、总结、归纳，逐渐形成了成熟的培养体系和教学内容，所培养学生大都已成为郑州市轨道交通运营一线骨干力量。公司以生产实践经验为依托，充分发挥有关合作院校的师资力量，同时在设备制造商、安装商和设施设备维修维保商的技术支持下，编写了本套城市轨道交通操作岗位系列培训教材，希望以此建立起一套符合郑州市轨道交通运营实际且符合轨道交通行业发展水平的教材体系，为河南乃至全国轨道交通人才培养略尽绵薄之力。

教材编写过程中,得到了西南交通大学、大连交通大学、石家庄铁道大学、上海地铁维护保障有限公司、郑州铁路职业技术学院以及人民交通出版社股份有限公司的大力支持,在此一并表示感谢。

以羽扣钟,既有总结之意,也有求证之心,还请业内人士不吝赐教。

是为序。

张 洲

2016 年 10 月 21 日

FOREWORD 前言

当前我国城市轨道交通正逐步进入稳步、有序和快速的发展阶段。尤其是"十三五"时期，我国将进入城市轨道交通建设大发展阶段。到2020年，规划线路里程将超过10000公里。届时，城市轨道交通运营和建设人才培养需求凸显。城市轨道交通以旅客运输为主，合格的运营和建设人才是其安全运营的重要保障。结合城市轨道交通运营及城市轨道交通院校相关专业发展需求，本着立足当前、着眼长远、瞄准前沿、务求实用的原则，编写了本书。

本书结合城市轨道交通电客车司机岗位需要，以应知应会、实作技能为重点，涵盖了城市轨道交通行车组织基础、车辆机械、信号系统、作业规程、安全管理、故障救援及应急处理等方面的专业知识。本书是在借鉴郑州市轨道交通有限公司相关规章文本的基础上，由工作在一线的专业技术人员，结合自身经验及各项规章制度，从基层电客车司机的角度出发，对于电客车司机岗位必须掌握的专业知识等进行概括和描述。本书的编写，从实际出发，结合理论与实际操作，引导学员形成专业性的工作思维和思路。

本书由郑州市轨道交通有限公司李江涛担任主编，贾明奔、李振山、岳丹峰任副主编，西南交通大学陈东主审。其中，第一章由杨曙光、王乙斐编写，第二章由贺飞、郭凯迪编写，第三章由张庆、李朋朋编写，第四章由余磊、李恒、李朋朋编写，第五、六章由李恒、高雁、张峰编写，第七、八章由杨曙光、黄永昌编写。

在此对参与本书出版的人员所具有的高度责任感、专业精神和辛苦努力表示衷心的敬意和感谢，愿本书能对城市轨道交通相关从业人员的培训与学习有所裨益。

由于时间仓促，加之编者水平有限，书中难免存在疏漏和不足之处，恳请广大读者批评指正。

编 者
2016年10月

INTRODUCTION 学习指导

一、岗位职责

电客车司机须按照运营时刻表的要求驾驶电客车,严格执行各项规章制度、作业要求及行车调度员的命令,负责电客车运行期间的行车和人身安全,确保电客车安全、高效、优质、精益地投入服务。其岗位职责包括安全职责和工作职责。

(一)安全职责

(1)遵守部门、乘务室及车队各项安全制度和安全规定,牢固树立安全第一的思想,切实把好行车安全关。

(2)严格执行"两纪一化",严格按照《电客车司机手册》的要求做好列车整备作业,确保出厂列车状态良好,及时消除行车安全隐患和客车故障隐患。

(3)出乘前,做好充分休息,保持精力充沛;出乘后集中思想,确保行车安全。

(4)车厂内调车作业时,严格把好计划关、信号关、速度关、道岔关,确保车厂内的运作安全。

(5)服从调度的指挥,严格执行复诵制度,确保列车正常运作。

(6)当发生车辆故障时,严格按照《电客车故障应急处理指南》的规定程序处理,确保列车安全运行。

(7)发生突发事件时,以三快(快报告、快开通、快修复)为原则,严格按照《客运部应急处理文件汇编》处理事件,尽快恢复服务。

(二)工作职责

(1)按照运营时刻表的要求驾驶电客车,严格执行各项规章制度,确保客车安全、高效、优质、精益地投入服务,保证运营期间行车和人身安全。

(2)电客车司机在正线服从行车调度统一指挥,在车厂服从车厂调度统一指挥。

(3)负责确认行车凭证,瞭望前方线路,发现危及行车及人身安全时,立即采取紧急措施。

（4）负责正线电客车运营和车厂调车、调试作业的安全。

（5）加强自身业务学习,提高应急处理能力,发生突发事件时,马上报告行车调度,冷静、果断、及时地处理,尽快恢复列车运营。

（6）严格执行标准化作业,监督学员和其他人员按章作业,确保行车安全。

（7）值乘司机遇身体不适,应及时报告队长、副队长或派班员,请求协助,避免影响正线服务。发生交路混乱时要有高尚的职业道德,确保"有车必有人",服从队长、副队长或派班员的安排,确保工作的顺利完成。

（8）换乘室折返及待令的司机,根据行车调度指示随时做好开行备用车的准备。

（9）驾驶列车要规范操作,按压按钮、转换开关到位,遇到列车故障时,严格按照《电客车故障应急处理指南》的指引处理故障。

二、课程学习方法及重难点

在完成城市轨道交通电客车司机理论知识学习后,首先要熟悉城市轨道交通行车组织方法,其次需要掌握城市轨道交通车辆基础和信号通信系统的知识,最后要能掌握城市轨道交通司机作业规程、安全规定、电客车故障处理及救援和应急处理等知识。

本书基础知识篇的学习难点是城市轨道交通的行车组织,实务篇的学习难点是常见的故障处理和应急处理。在学习过程中,应结合日常的工作实践,反复学习理论和实务两部分内容,才能达到全面掌握相关知识与技能的目的。

三、岗位晋升路径

根据人员情况,定期对满足职级要求（工作年限、职称、学历、绩效考评）的人员,按照一定比例进行晋级。员工晋升通道划分方法如下：

（一）操作类序列

由低到高依次为：初级工、中级工、高级工一、高级工二、技师一、技师二、高级技师。

（二）技术类职级序列

由低到高依次为：技术员、助理、工程师一、工程师二、工程师三、主管。

CONTENTS 目录

第一篇 基础知识篇

第一章 电客车司机岗位概论 ………………………………… 2
一、电客车司机岗位要求 ………………………………………… 2
二、电客车司机工作性质与环境 ………………………………… 3

第二章 行车概述 ………………………………………………… 5
一、行车组织基础 ………………………………………………… 5
二、正常情况下的行车组织 ……………………………………… 20
三、非正常情况下的行车组织 …………………………………… 22

第三章 车辆基础 ………………………………………………… 27
一、车辆机械结构 ………………………………………………… 27
二、牵引和电制动 ………………………………………………… 52
三、制动系统 ……………………………………………………… 59
四、辅助系统 ……………………………………………………… 69

第四章 信号通信系统 …………………………………………… 73
一、列车 ATC 介绍 ……………………………………………… 73
二、CBTC 移动闭塞系统 ………………………………………… 74
三、CBTC（移动闭塞）技术基础 ……………………………… 75
四、列车无线通信车载台概述 …………………………………… 82
五、无线通信设备便携台 ………………………………………… 85

第二篇 实务篇

第五章 电客车司机作业规程 …… 90
一、电客车司机基本作业要求 …… 90
二、电客车司机出勤及整备作业标准 …… 94
三、电客车司机驾驶作业程序 …… 99
四、电客车司机退勤作业标准 …… 105
五、电客车司机候班管理规定 …… 107
六、车厂行车及洗车、调车作业程序 …… 108

第六章 安全管理规定 …… 111
一、事故(事件)管理规定 …… 111
二、电客车司机作业关键点汇总 …… 113
三、运营事件、事故案例精选 …… 117

第七章 故障处理及救援 …… 124
一、故障处理 …… 124
二、救援程序及注意事项 …… 129

第八章 电客车司机应急处理 …… 132
一、应急处理原则 …… 132
二、行车应急类 …… 133
三、安全应急类 …… 138

第九章 电客车司机岗位考核大纲及专业词汇表 …… 140
一、电客车司机岗位考核大纲 …… 140
二、专业词汇表 …… 141

附录 电客车空气管路原理图 …… 146

参考文献 …… 149

第一篇 基础知识篇

第一章　电客车司机岗位概论

> **岗位应知应会**
>
> 1. 了解电客车司机的岗位定义、电客车司机的岗位职责。
> 2. 熟练掌握电客车司机的服务标准。
>
> **重难点**
> 重点：电客车司机的服务标准。
> 难点：电客车司机的职责及段/场备用司机的职责。

一、电客车司机岗位要求

（一）电客车司机岗位定义

电客车司机：指持有由城市轨道交通公司颁发的电客车司机上岗证、具备独立操纵电客车资格的驾驶人员。

（二）电客车司机岗位职责

1. 电客车司机职责

（1）按运营时刻表的要求驾驶电客车，确保电客车安全、高效、优质、精益地投入服务。

（2）严格执行各项规章制度及作业要求，负责电客车运行期间的行车和人身安全。

（3）负责确认行车凭证，瞭望前方线路，发现危及行车及人身安全时，立即采取紧急措施。

（4）行车组织在正线听从行车调度员（以下简称行调）统一指挥，在段/场听从车厂调度员（以下简称厂调）统一指挥。

（5）发生突发事件时，报行调，冷静、果断、及时地处理，尽快恢复列车运营。

（6）任何情况下，要确保"有车必有人"，服从当班队长/副队长及负责派班室工作的副队长的安排，确保行车任务的顺利完成。

2. 段/场备用司机职责

（1）负责完成段/场内除运营时刻表中出入段/场列车外所有电客车的整备、转线、调试、洗车、救援以及配合检修人员在库内动车等作业。

（2）严格执行车辆调试、试验的有关规定，安全、及时地完成电客车在试车线上的调试、试验工作。

（3）负责段/场备用车或加开车的开行。

（三）电客车司机服务标准

1. 电客车司机健康要求

电客车司机作为一线行车岗位，涉及行车安全，需保持良好的身体状态，避免因人的因素影响行车安全。严禁电客车司机班前10h内饮酒或服用影响精神状态的药物。在班前或工作中突遇身体不适时，应及时告知当值队长或副队长，不可带病上岗。城市轨道交通行车环境较为特殊（线路大多为地下隧道且光线相对地面较暗），电客车司机须保证矫正视力达5.0以上（无色盲、色弱等视力问题），并及时参加每年度的公司体检，并跟进体检结果，切实掌握自身身体状况，身体有异常情况时，及时报备车队队长或副队长。

2. 电客车司机仪容仪表要求

上岗期间，按规定统一穿戴，衣着整洁，不缺扣、不立领、不挽袖挽裤。非上岗期间，穿着工作制服的员工，着装标准与上班时一致。男员工不准染发、留长发、大包头、大鬓角和蓄须。女员工发型整齐利落，刘海以不遮住眉毛为宜；不准染发，发长过肩的女性宜佩戴有发网的头饰，将头发挽于头饰发网内。

3. 电客车司机举止行为要求

在岗时要精神饱满、举止大方、行为端正。严禁在岗位上聊天、说笑、追逐打闹、玩游戏等做与岗位工作无关的事。接车时应提早1min到达接车地点立岗接车。如因列车故障，司机需进入乘客室处理时，不得冲撞乘客；如需乘客配合，应礼貌告知。

4. 电客车司机文明用语要求

工作期间，使用普通话。应根据乘客的身份使用恰当的称呼，如：先生、女士、小朋友、叔叔、阿姨等。人工广播时，应语调沉稳、圆润，语速适中，音量适宜，避免声音刺耳或使乘客惊慌。接待乘客的投诉，态度要和蔼、得理让人，不得有斗气、噎人、训斥、顶撞、过头及不在理的语言。

二、电客车司机工作性质与环境

（一）乘务工作的性质与环境

1. 乘务工作的性质

城市轨道交通具有线多、面广且每日运营时间长等特点，而电客车司机乘务工作的好坏将对国家和人民的生命和财产安全造成直接影响。因此，乘务工作一般具有以下特性。

（1）责任性：电客车司机在值乘过程中对工作中所涉及的相关行车设备和乘客负有安

全责任。

(2)固定性:电客车司机在值乘过程中,只对值乘的当次列车负安全责任。

(3)独立操作性:每次列车只配备一名司机。因此,电客车司机在值乘过程中具有独立操作性。

2. 乘务工作的环境

乘务工作的环境可以分为:周围环境和驾驶环境两种。

(1)电客车司机每天驾驶列车穿梭于城市地下、地面或高架线上,从周围环境来看,司机每天面对漆黑的隧道、固定的线路以及来往的乘客等,相对而论是一种固定的工作环境。

(2)从驾驶环境来看,电客车司机每趟都重复着开车、停车、开门、关门、开车的循环劳动,看似简单机械,但在驾驶过程中,司机必须时刻保持高度的警惕性和责任心。

从以上两种环境可以看出,环境对电客车司机乘务工作具有一定的影响。

(二)电客车司机基础管理的要求

行车安全是基础管理的基本要求。通过对电客车司机生理、心理状态的调整,使其以充沛、饱满的精神投入到乘务工作中去,确保列车的安全运行。以人为本是基础管理的思路,注重观察、分析司机的生理、心理状态,完善各项规章制度,充分考虑乘务工作的特殊性,实现全方位的综合管理,以提高管理效率与效果。

1. 心理疏导的重要性

心理疏导能有效解决司机的心理问题,帮助其树立正确的人生观和价值观,提高其对自身及社会的认识,从而避免其心理问题的发生,这也对预防行车安全事故起到了重要的作用。

2. 心理疏导对基础管理的作用

在基础管理中,对于电客车司机的管理至关重要。作为一名在运营一线工作的员工,其个体行为直接影响到行车安全。一旦司机的心理发生问题或障碍,如果处理不当,后果将非常严重,甚至会蔓延到其他员工。因此开展心理疏导,能有效地缓解或消除司机的心理压力或心理疾病,减轻司机心理负担,有利于运行安全工作,从而利于基础管理工作顺利有序地进行。

第二章　行车概述

> **岗位应知应会**
>
> 1. 了解行车组织的基础知识（包括道岔、信号、线路及信号标志等）。
> 2. 熟练掌握正常情况下的行车组织。
> 3. 精通掌握非正常情况下的行车组织。
>
> **重难点**
>
> 重点：道岔位置的判断，线路及信号标志的含义，正线地面信号的显示及其意义，限界、车厂、移动闭塞、固定闭塞的定义，信号机内方、外方、前方、后方的定义，屏蔽门组成，各种闭塞法的行车组织。
>
> 难点：手信号显示及其含义，区间的状态，各种非正常情况下的行车组织及救援的相关知识。

　　城市轨道交通的行车组织工作以安全运送乘客，满足设备维修养护的需要，按运营时刻表的要求，实现安全、高效、优质、精益的运营服务为宗旨。城市轨道交通的行车组织必须坚持安全生产的方针，贯彻高度集中、统一指挥、逐级负责的原则，各单位、各部门必须紧密配合，协调动作，确保行车和客运安全，完成各项生产任务。城市轨道交通的行车组织一般分为正常情况下的行车组织和非正常情况下的行车组织。本章通过行车组织的基础知识、行车组织的架构、正常情况下的行车组织、非正常情况下的行车组织对城市轨道交通的行车组织进行了描述，深入浅出地对行车组织办法进行了全面详细的介绍。

一、行车组织基础

　　行车组织工作是城市轨道交通的核心工作，是指在运输生产的过程中，为完成运送乘客的任务所进行的一系列与运输有关的工作。它担负着指挥列车运行、保证行车安全、提高运输效率的重要任务。城市轨道交通行车组织工作是城市轨道交通系统运营的核心。

（一）行车技术基础知识

1.限界

　　一切建筑物，在任何情况下，不得侵入城市轨道交通建筑限界；一切设备，在任何情况下，不得侵入城市轨道交通设备限界；机车、车辆无论空、重状态，均不得超出机车、车辆限界。

2. 线路

线路分为正线、辅助线和车厂线。其中辅助线包括折返线、渡线、联络线、出入段（场）线、安全线、存车线等。

3. 车厂

车厂为车辆段或停车场的通称。车厂内线路按作业目的和用途分为运用线和维修线。运用线包括：联络线，走行线，试车线，牵出线，调机/工程车线，停车列检线。维修线包括：材料装卸线，洗车线，吹扫线，静调线，镟轮线，双周三月检线，厂/架修线，定/临修线等。

4. 轨道

轨道由钢轨、轨枕、连接零件、道床和道岔组成。

钢轨：钢轨的功用是支撑和引导机车车辆的车轮运行，并把从车轮传来的压力传给轨枕，以及为车轮滚动提供阻力最小的表面；有些线路的钢轨还具有为供电、信号电路提供回路的作用。

连接零件：钢轨必须通过连接零件才能固定在轨枕上，钢轨之间也需要用连接零件连成整体。

轨枕：轨枕直接支撑钢轨，并通过扣件牢固与钢轨的连接。地面线路采用国家标准轨枕铺设，隧道等采用钢筋混凝土短轨枕式铺设。

道床：道床用于支撑轨枕，把从轨枕传来的压力均匀传递给路基，并且还起到缓冲车轮对钢轨的冲击、固定轨枕的作用。在地面线路，道床还能起到排除轨道中积水的作用。

道岔：通过将道岔扳动到不同的位置，确定列车不同的运行路径。

5. 道岔

道岔是一种使机车、车辆从一股道转入另一股道的线路连接设备。单开道岔的转辙器，是引导机车、车辆沿主线方向或侧线方向行驶的线路设备，由2条基本轨、2条尖轨、各种连接零件及道岔转换设备组成。连接部分是转辙器和辙叉之间的连接线路，包括直股连接线和曲股连接线（亦称为导曲线）。辙叉是使车轮由一股钢轨越过另一股钢轨的设备。辙叉由叉心、翼轨和连接零件组成（图2-1）。

图2-1 道岔示意图

道岔开通位置的判断：站立于轨道中央，面对尖轨开通右位时，左侧尖轨密贴基本轨，右侧尖轨与基本轨有空隙（图2-2）。开通左位时，右侧尖轨密贴基本轨，左侧尖轨与基本轨有空隙。

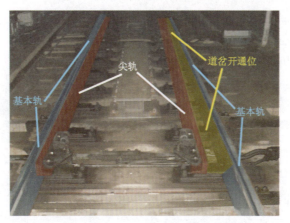

图 2-2 道岔开通右位现场图

6. 信号机

信号机按用途可分为 8 种,分别是进站信号机、出站信号机、通过信号机、防护信号机、调车信号机、阻挡信号机、预告信号机和复示信号机。国内城市轨道交通多采用右侧行车制,信号机一般设置在线路的右侧,特殊情况下才设置在线路的左侧。

(1)正线地面信号机显示

正常情况 CBTC 模式下轨旁信号机灭灯。非 CBTC 列车及地面 ATP 故障情况下地面信号机点亮。

绿色灯光:允许信号,表示道岔已锁闭,进路中所有道岔开通直股,列车可以越过此信号机运行到下一个顺向信号机。

黄色灯光:允许信号,表示道岔已锁闭,进路中至少有一组道岔开通侧股,列车可以不超过道岔侧向限速的速度越过此信号机运行到下一个顺向信号机。

红色灯光:禁止信号(图 2-3),不允许列车越过信号机。

图 2-3 禁止信号

红色灯光 + 黄色灯光:引导信号,准许列车以不大于规定的速度(25km/h)越过该架信号机并随时准备停车。

灭灯：不允许非CBTC列车及地面ATP故障的列车越过信号机。

（2）车厂信号机显示

①入段/场信号机采用高柱（高度根据车辆高度确定）黄、绿、红三灯位信号机构，绿灯封闭，红灯为常态。其显示及意义见表2-1。

入段/场信号机显示及意义　　　　　　　　　　表2-1

序号	信号灯显示	行车指示
1	1个黄色灯光	表明进段/场的进路开通，准许列车按规定的速度越过该架信号机进厂
2	1个红色灯光	不准列车越过该架信号机
3	1个红色灯光和1个黄色灯光	表明开放引导信号，准许列车以不大于25km/h的速度越过该架信号机并随时准备停车

②车辆段入段信号机内方第一个轨道区段边界处设三显示列车阻挡兼调车信号机，阻挡信号机（图2-4）采用黄、白、红三灯位信号机构，红灯为常态。其显示及意义见表2-2。

图2-4　阻挡信号机

阻挡信号机显示及意义　　　　　　　　　　表2-2

信号灯显示	行车指示	备注
白灯	允许按规定的速度越过该架信号机进行调车作业	
红灯	禁止列车越过该架信号机	
黄灯	表明出段/场的进路开通，准许列车按规定的速度越过该架信号机	运行至出段信号机前一度停车
1个红色灯光和1个黄色灯光	表明开放引导信号，准许列车以不大于25km/h的速度越过该架信号机并随时准备停车	

③车辆段/停车场内其他地点根据需要设矮型调车信号机（图2-5），调车信号机采用蓝、白两灯位信号机构，蓝灯为定位。其显示及意义见表2-3。

调车信号机　　　　　　　　　　表2-3

序号	信号灯显示	行车指示
1	白灯	允许按规定的速度越过该架信号机进行调车作业
2	蓝灯	禁止越过该架信号机进行调车作业

图 2-5　矮型调车信号机

④出段/场信号机采用高柱黄、绿、红三灯位信号机构,绿灯封闭,红灯为常态。其显示及意义见表 2-4。

出段/场信号机　　　　表 2-4

序号	信号灯显示	行车指示	备 注
1	黄灯	允许越过该信号机运行	运行至正线转换轨一度停车
2	红灯	禁止列车越过该架信号机	

7. 手信号显示

(1) 紧急停车信号(图 2-6)

昼间:展开红色信号旗下压数次;无信号旗时,两臂高举头上,向两侧急剧摇动。

夜间:红色灯光下压数次;无红色灯光时,用白色灯光上下急剧摇动。

图 2-6　紧急停车信号

(2) 减速信号(图 2-7)

昼间:展开的黄色信号旗;无黄色信号旗时,用绿色信号旗下压数次。

夜间:黄色信号灯光;无黄色灯光时,用白色或绿色灯光下压数次。

图 2-7　减速信号

（3）停车信号（图 2-8）

昼间：展开的红色信号旗；无红色信号旗时，两臂高举头上，向两侧急剧摇动。

夜间：红色灯光；无红色灯光时，用白色灯光上、下急剧摇动。

图 2-8　停车信号

（4）发车信号（图 2-9）

昼间：展开的绿色信号旗上弧线向列车方面作圆形转动。

夜间：绿色灯光上弧线向列车方面作圆形转动。

图 2-9　发车信号

(5)通过手信号(图2-10)

昼间：展开的绿色信号旗。

夜间：绿色灯光。

图2-10　通过手信号

(6)引导信号(图2-11)

昼间：展开黄色信号旗高举头上左右摇动。

夜间：黄色灯光高举头上左右摇动。

图2-11　引导信号

(7)连挂作业(图2-12)

昼间：连挂作业两臂高举头上，拢起的手信号旗杆成水平末端相接。

夜间：红、绿色灯光(无绿色灯用白色灯光代替)交互显示数次。

(8)道岔开通信号(图2-13)

昼间：地下车站为绿色灯光(无绿色灯光时为白色灯光)高举头上左右小动；车厂(或地上车站)为拢起的黄色信号旗高举头上左右摇动。

夜间:绿色灯光(无绿色灯光时为白色灯光)高举头上左右小动。

图 2-12　连挂作业

图 2-13　道岔开通信号

8. 进路

进路指在车站内列车或调车车列由一个地点到另一个地点所运行的径路。

9. 联锁

联锁指信号系统中的信号机、道岔和进路之间建立的一种相互制约关系。如进路防护信号机在开放前检查进路空闲、道岔位置正确及敌对进路未建立等,信号机开放后,道岔锁定,这种相互制约的关系称为联锁。

10. 站线

车站两端墙间内方的线路为站线。

11. 区间

两相邻车站相邻端墙间的线路为区间。

12. 线路运营长度

线路运营长度指运营线路按始发站站中心至终点站站中心沿正线线路中心测得的长度。

13. 车站

(1) 按车站与地面的相对位置划分,车站可分为地下站、地面站、高架站。

地下站:指轨道交通线路铺设在地面以下的车站。

地面站:指轨道交通线路铺设在地面上的车站。

高架站:指轨道交通架空铺设在地面以上的车站。

(2) 根据运营功能划分,车站可划分为终点站、中间站、换乘站等。

中间站是指线路上除两端终点站以外的车站。中间站一般只供乘客上下车,部分中间站也设有存车线、渡线和折返线等,可供列车折返、转线或停留。

终点站是指线路两端的车站。终点站除了供乘客上下车外,通常还具有列车折返、停留等运营功能。

换乘站是指设在不同线路的交汇处供乘客上下车及由一条线路换到另一条线路的车站,如图 2-14 所示。换乘站在城市轨道交通线网中起着重要作用。它位于城市轨道交通线路的交叉点或汇合点处,其功能是把线网中各独立的线路连接起来,为乘客换乘其他线路的列车创造便利条件。通常城市轨道交通线网中乘客的换乘采用联票制度,不需要重新购票,线路间的换乘十分便捷。

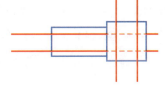

图 2-14 换乘站示意图

(3) 按站台与轨道线路的空间关系划分,车站可分为侧式站台车站、岛式站台车站及混合式站台车站。

侧式站台车站是指车站的上、下行线路位于两站台的中间,站台位于上、下行线路两侧的车站,见图 2-15a)。其优点是站台的横向扩展余地大,上、下行线乘客上、下车无干扰,不易乘错方向,且对线路设计影响不大,工程造价相对岛式站台低;缺点是站厅客流组织难度大,乘客容易下错乘车站台等。

岛式站台车站是指车站的上、下行线路设在站台两侧,站台位于上、下行线路中间的车站,见图 2-15b)。其优点是站台面积可以得到充分利用,便于集中管理,车站结构紧凑,设备使用率高,乘客换乘方便;缺点是对线路设计影响大,设计难度大、造价高。根据站台和线路数量的不同又可分为一岛式、两岛式等。

图 2-15 侧式站台车站、岛式站台车站及混合式站台车站示意图

混合式站台是指同时具有侧式站台和岛式站台的车站,见图2-15c)。如一岛两侧式、两岛一侧式等。一般多为终点站/始发站,设有道岔和信号联锁等设备,行车组织上增加了灵活度,通过不同站台同时接发列车,缩短列车行车间隔,提高列车运行效率。乘客可以在不同的站台上、下车,方便车站的客流组织。

14. 接触网

通常情况隧道内采用架空刚性接触网,隧道外采用架空柔性接触网。见图2-16。

图2-16 接触网

15. 屏蔽门

屏蔽门由滑动门、固定门、应急门、端门组合而成,如图2-17、图2-18所示。一对滑动门及其左右两侧的各一个固定门组成一个屏蔽门标准单元。

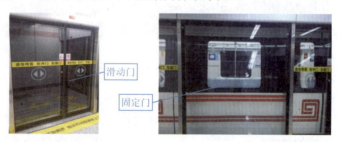

图2-17 滑动门、固定门实物图

图2-18 应急门、端门实物图

16. 司机钥匙

司机钥匙包括主控钥匙、方孔钥匙、屏蔽门钥匙、端门钥匙,上行/下行站台头端司机立岗处各设有一个就地控制盘(PSL),控制本侧的屏蔽门。见图2-19。

a) PSL　　　　　　　　　b) PSL钥匙　　　　　　　　c) 司机钥匙

图2-19　PSL及司机钥匙

17. 线路及信号标志

城市轨道交通线路上应设有停车位置标志(图2-20)、限速标(图2-21)、解除限速标(图2-22)、站名标(图2-23)、百米标(图2-24,图2-25)、车挡(图2-26)、接触网终点标(图2-27)、一度停车标(图2-28)、警冲标(图2-29)等。

图2-20　停车位置标　　　图2-21　限速信号牌　　　图2-22　解除信号牌

 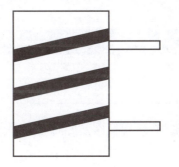 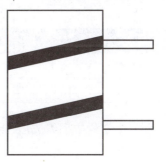

图2-23　站名标　　　图2-24　300m预告标　　　图2-25　200m预告标

图 2-26 车挡

图 2-27 接触网终点标

注：白底黑字

图 2-28 一度停车标

图 2-29 警冲标

（二）行车组织基础知识

1. 列车运行方向

城市轨道交通列车在正线按双线单方向靠右侧运行。

2. 列车分类

按用途分类，列车可分为：图定列车、图外列车、调试列车、专用列车、工程列车和救援列车。列车可根据不同的车次号来进行识别（以郑州市轨道交通1号线为例）。

电客车车次由5位数字组成，前3位为服务号，后2位为序列号。列车服务号见表2-5。

电客车车次　　　　　　　　　　　　　　　　　表2-5

列车类别	服务号	列车类别	服务号
图定列车	101～199	调试列车	801～899
图外列车	701～799	专用列车	901～929

序列号：由2位数字组成，表示列车运行顺序及方向顺序，上行为偶数，下行为奇数，有效范围01～99。

救援列车车次由3位数字表示，车次规定见表2-6。

救援列车车次　　　　　　　　　　　表2-6

列车类别	车次编号	备 注
救援车	601～619	含电客车、工程列车。救援过程中,车次号不根据上下行线改变,使用单一车次

3. 列车运行图

列车运行图是运营方案的直接体现,规定了列车区间运行时间、停站时间、折返时间以及列车运行交路等,同时也是时刻表编制的依据。

4. 运营时刻表

运营时刻表是行车组织工作的基础,它规定了运营线路的每个运营周期(一般为每天)的起止时间、高峰期起止时间、各次列车占有区间的顺序、列车在一个车站到达和出发(通过)的时刻、列车在区间的运行时分、列车在车站的停站时分、折返站列车折返作业时间及电客车出入车厂的时刻。

5. 最小行车间隔时间

缩短行车间隔时间可以减少旅客在站候车时间,有利于提高服务质量,增加对乘客乘坐的吸引力,也有利于减少列车编组数量,节省工程投资。但是,最小行车间隔时间受到多种因素的制约。一般来说,行车间隔时间的极小值取决于信号系统、车辆性能、折返能力、停站时间等诸多因素。在以先进技术设备和足够工程投资为保证的前提下,停站时间往往成为最重要的制约因素,因为在高峰小时内,线路上个别车站的乘客集散量可能特别大,导致列车在该站的乘客上、下车时间较长。

6. 停站时间

停站时间是指列车在中间站办理乘客乘降作业所需要的停车时间,包括乘客上、下车时间、开关门时间和车门关闭后的等待开车时间三个部分。

停站时间是影响行车间隔的最大因素,也是最难控制的因素。列车停站时间长短取决于乘客乘降的需求,因而主要取决于车站的乘客集散量、车辆的车门数和座位布置以及车站客流的疏导和管理措施等。

7. 旅行速度

旅行速度是指将列车在沿途中间站停站时间考虑在内的列车平均速度。(旅行速度＝全程里程总数/全程运行时间)

8. 行车通过能力

轨道交通系统的通过能力是一个综合指标,取决于线路技术条件、信号系统、车辆性能、折返能力、停站时间、乘客素质和管理水平等诸多因素。

9. 行车凭证

行车凭证是指列车占用前方进路的凭证。根据行车条件和列车驾驶模式不同,行车凭证分为车载信号、地面信号机显示的开放信号和引导信号、调度命令、路票等(详见正常情况下的行车组织、采用电话闭塞法行车时的列车运行组织)。

10. 闭塞

为保证列车运行安全,须保证列车间以一定的安全防护空间运行,这种安全防护空间称为闭塞。列车进入闭塞区间(区段)后,闭塞区间(区段)两端都不再向这一区间(区段)发车,以防止列车相撞和追尾。闭塞可分为移动闭塞与固定闭塞法两大类,固定闭塞法又可根据安全防护区域划分的不同分为多种闭塞方式。

(1)移动闭塞

信号系统通过轨旁与列车连续的无线通信来检测前后列车的位置,并计算相应的闭塞防护逻辑,实现对前后列车运行的安全防护和自动控制,这种闭塞方式称为移动闭塞法。移动闭塞时线路没有固定划分的闭塞空间,列车间隔是动态的,并随前一列车的移动而移动,列车防护区域由列车长度及其前后防护距离组成。

(2)固定闭塞

把线路划分为若干固定区域,在每个区域内只准许一列车运行,使前行列车和追踪列车之间必须保持一定距离,列车凭地面信号显示运行的行车闭塞方法。

11. 信号机内方、外方、前方、后方

信号机防护的一方为信号机内方,反之为外方;信号机显示的一方为信号机前方,反之为后方。两者对应关系是信号机内方即信号机后方,信号机外方即信号机前方。

12. 推进运行

在列车尾部司机室操纵列车运行,或救援列车在前端司机室推送被救援客车运行为推进运行。

13. 退行

电客车越过停车标须退回停车窗内或列车从区间后退为退行,可以推进或牵引运行。

14. 反方向运行

在上行线开行下行方向列车或在下行线开行上行方向列车时,为反方向运行,但列车从区间返回发车站为退行。

(三)行车组织架构及相关岗位

1. 行车组织架构

行车指挥层级:行车指挥分为一级、二级两个指挥层级;二级服从一级指挥。一级指挥为:OCC主任调度、行车调度(行调)、电力调度(电调)、环控调度(环调)、维修调度(维调)。二级指挥为:车站值班站长、DCC值班主任、检修调度(检调)、车厂调度(厂调)、生产调度、电客车/工程车司机。各级指挥要根据各自职责任务独立开展工作,并服从OCC主任调度总体协调和指挥(图2-30)。

2. 主要行车人员的职责

(1)行车调度员

负责城市轨道交通的日常行车组织、指挥工作,按照运营时刻表的要求组织行车,实现安全、准点和优质的运营服务。负责监督、控制全线客流变化情况,调集人力、物力和备用车辆,疏导突发大客流。负责组织、实施正线、辅助线范围内的行车设备检修以及各种施工、工程车运输作业。负责组织、处理在运作过程中发生的各种故障、事件、事故。负责监督、协调供电系统的运作。

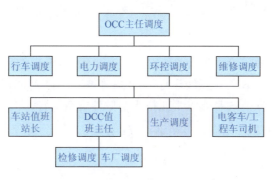

图 2-30　行车组织架构

（2）电客车司机

电客车司机严格遵守各种规章制度,正确执行各种作业程序,确保客车运行安全。严格按照运营时刻表行车。工作时严守岗位,不得擅自离岗。严格按照要求规范司机室麦克风使用操作,避免大力拉扯麦克风支架。司机必须经考试合格,并取得电客车司机资格证后,方准独立驾驶电客车。电客车司机必须严格执行有关安全规章制度,听从行调指挥,按照运营时刻表时刻,安全正点地为乘客提供快捷、舒适和优质的服务。班前做好行车预想,班后做好总结。对于行车工作中发生的事故、事件,必须要如实、及时汇报,便于有关人员的调查和处理。

（3）车站行车值班员

负责车站行车工作。服从行调指挥,执行行调命令,严格按列车运行图组织行车。控制车站广播,密切关注监视屏,掌握站台乘客动态,并视情况及时广播。非运营时间做好巡道、设备维修的登记和注销手续。保管使用行车设备备品,正确填写各种行车日志。

（4）车辆检修调度员

全面负责车辆的计划维修、故障抢修、事故处理、调试、改造作业安排及组织实施,监视所有车辆技术状态,提供运行图所规定的电客车数量上线服务,并确保其状态良好,符合有关规定。负责车辆检修内务管理及协调、调配车辆部各中心的生产任务。

（5）车厂调度员

统一指挥车厂内的行车组织工作,全面负责组织实施电客车、机车车辆转轨、取送和检查作业,组织实施调试作业、列车出入车厂等工作,合理科学地调配人员、机车车辆和协调、安排车厂内行车设备、消防设备及库房等设备设施的检修维护工作。向行调通报运用电客车情况,负责与车辆检修调度员交接检修及运用电客车及与出、退勤司机交接运营电客车状态等工作。负责协调车厂内与外部的工作接口问题,组织相关部门及时处理设备故障。

(6)信号楼值班员

信号楼微机联锁设备控制室设置有信号楼值班员,负责接收车厂信号楼调度员接发列车、调车作业的计划并操作微机设备,实现微机联锁设备的用途及功能。

(四)行车组织基本原则

(1)行车时间以北京时间为准,从零时起计算,实行 24 小时制。行车日期以零时为界,零时以前办妥的行车手续,零时以后仍视为有效。空客车、工程列车、救援列车及调试列车出入车厂均按列车办理。客车在正线运行中,电客车司机应在前端驾驶;推进运行时须在前端司机室配备司机或车站值班员及以上职位人员监控客车运行。

(2)调度电话(含有线/无线调度电话、车载电台等)用于生产工作联系,须使用标准用语和指定数字发音,见表 2-7。

标准用语　　　　　　　　　　　　　　　表 2-7

1	2	3	4	5	6	7	8	9	0
yao	liang	san	si	wu	liu	guai	ba	jiu	dong
幺	两	三	四	五	六	拐	八	九	洞

(3)在车厂范围内,行车信号以地面信号为主,400M、800M 无线便携台或手信号旗/灯为辅。

(4)影响行车的设备发生故障时,各有关单位须按照"先通后复"的原则处理。遇线路上同一地点有多个限速要求时,按照最低的限速要求执行。非正常情况下行车时,司机应严格掌握进出站、通过道岔、线路限制等特殊运行速度。

(5)正线、辅助线(出、入车厂线)的行车组织由行调负责,车厂线的行车组织由车厂调度员负责。行车有关人员必须服从行调指挥,执行行调命令;行车指挥工作中,因对规章条文理解不同或未明确规定等原因产生分歧时,在确保安全的前提下,先按行调命令执行。指挥正线列车运行的命令和口头指示,只能由行调发布。行调发布命令前应详细了解现场情况,听取有关人员意见。

二、正常情况下的行车组织

(一)行车闭塞法

行车闭塞的作用与目的:是一种列车运行的规范和方法。闭塞的实现不仅与整个运行系统有着紧密的关系,还与实际状况即技术状况和社会需求状况密不可分。列车运行中使用的运行区间是不变且相对固定的。如何使用现有的区间,使列车运行能够符合高密度、快速度、小间隔的要求,提高运输能力,同时确保列车运行的安全,就是我们使用各种行车闭塞的目的。

闭塞中的运行区间：所谓"区间"是为了安全和有效地组织列车运行。城市轨道交通运行线路是以车站为界，划分的许多线段，而区间是城市轨道交通列车在线路上运行时最基本的空间。闭塞就是在行车时能够确认列车运行区间的状态是否符合运行与行车规范要求。区间的3种状态：

区间开通：指区间内无列车占用或没有相关的施工作业。列车通行信号和条件已经具备，可以允许列车进入。列车可以依据有关的行车凭证进入该区间。

区间占用：指区间内已经进入列车或者有关列车已经取得了占用该区间的行车凭证，例如进路已经准备完毕，信号机已经呈开放状态或者司机已经取得合法、有效的行车凭证。

区间空闲：指该区间没有被占用，该区间的行车凭证未发给任何列车或者进入该区间的信号机也未开放。

行车闭塞法就是利用区间的不同状态，利用技术手段或者制度管理手段对列车的运行状态作出相应的指示，对整个列车运行做全面的调节、协调，使列车运行既安全又合理。

（二）各种闭塞法的行车组织

1. 移动闭塞下的行车组织

运行模式：正常驾驶模式为 ATO、ATP 或 ATB。遇非正常情况时，司机须上报行调，按行调命令执行。

闭塞区段：在 CBTC 模式下，移动闭塞没有固定的闭塞区段，列车运行闭塞区间的终端（移动授权）由前一列车在线路上的运行位置、运行状态等因素确定。

行车凭证：车载信号显示。

折返方式：信号设备正常，列车自动折返；信号设备不满足，人工驾驶实现列车折返。

2. 固定闭塞下的行车组织

当无线通信移动闭塞功能故障或不能使用时采用固定闭塞。

（1）当信号系统只具备点式 ATP 功能时采用进路行车法：

运行模式：正常驾驶模式为 IATP 模式，信号系统提供推荐速度和列车超速防护功能及防红灯冒进功能，列车按推荐速度运行。

闭塞区段：同方向两架相邻信号机间的区域。

行车凭证：地面信号及车载信号显示。

区段占用：一个闭塞区段只允许一列车占用。

折返方式：人工驾驶列车实现折返。

（2）当信号系统只具备联锁功能时采用区段行车法：

驾驶模式：列车驾驶模式为 NRM 模式，限速 45km/h 运行，信号系统只提供联锁基本功能，不提供列车超速防护。

进路排列：行调关闭故障联锁区进路自排功能，并授权故障设备集中站控制。故障设备集中站负责在 ATS/LCW 工作站上排列本联锁区内列车运行进路。排列进路前须确认闭塞区段空闲。

闭塞区段：相邻两站出站信号机之间的区域。

行车凭证：地面信号显示。

区段占用：一个闭塞区段只允许一列车占用。

折返方式：车站负责排列折返进路，进路排列好后，司机凭地面信号显示动车进行折返。

三、非正常情况下的行车组织

城市轨道交通采用先进的列控系统，正常情况下行车组织主要是利用先进设备监控列车运行。非正常情况下的行车组织是相对于正常情况下组织而言的，主要是指设备故障、大客流、火灾等原因不能采用正常情况下的行车方式组织轨道交通列车运行的行车办法。

（一）非正常情况下的行车组织原则

在城市轨道交通范围内，发生自然灾害以及公共卫生、社会安全、运营突发事件等事故（事件）时，各岗位在运营公司的统一领导下，按照各自的职责分工和权限，负责有关事故（事件）的应急管理和应急处置工作。

设备发生故障或地铁出现事件、事故时，应按"先通后复"的原则处理。必要时，OCC 可组织小交路运行或启动应急公交接驳预案。

如故障、事件、事故伴有火情或出现危及员工、乘客的生命安全时（含在处理过程中出现），各岗位立即按相应的处理程序执行，实施"先救人，救人与处理事故同步进行"的原则。

如在城市轨道交通范围内受到非城市轨道交通自身原因的外来因素影响，出现可能危及行车安全的事件时，应按"导向安全"的原则进行处理。司机、车站等现场人员应以保护乘客生命安全为首要任务，及时采取有效措施，并报告 OCC，避免事件在城市轨道交通范围内造成更大影响。

列车在区间发生异常情况时，在确保安全的前提下应尽量组织列车进站；当列车在区间发生火灾、爆炸等危及生命安全的事故，且不能动车进站时，应立即组织隧道疏散；当列车在区间迫停，不危及生命安全且预计 30min 内不能动车进站时，经分公司总经理同意后，可组织隧道疏散，司机应待车站疏散人员到达列车后执行疏散程序。

当现场人员报发生异常暂不能判断对列车运行影响，并且在相关规章内没有明确限速要求时，原则上行调组织经过该区段的第一列车限速 25km/h 运行，如司机报运行异常时，司机应立即拉停列车，待相关专业人员到达现场检查确认。相关设备专业人员检查后必须及时向 OCC 提供安全速度和保护措施，OCC 按保护措施执行。

(二)非正常情况下的行车组织

1. 客车在站通过的规定

在行车工作中,如因车辆、设备故障、事故及客流突变等原因造成运行晚点或特殊原因需要时,由行调发令载客列车在站通过。行调应及时通知司机和相关车站工作人员。

2. 清客

列车担任救援任务时,需在前方车站组织清客,空车担任救援。列车发生故障不能继续维持运营需清客时,空车退出运营线路。因调整列车运行,在中途站折返时组织清客。遇列车在区间发生故障,短时间不能恢复运行,由行调决定是否组织区间清客。

3. 列车反方向运行

(1)无 ATP 保护时:在没有 ATP 保护的情况下,除降级运营组织单线双方向运行或开行救援列车外,载客列车原则上不能反方向运行。在反方向 ATP 可以正常使用时,列车根据 ATP 允许速度以自动/手动模式运行。ATP 轨旁设备故障时,行调通知司机以受限制人工驾驶模式运行。

(2)值班主任决定反方向运行方案,行调按照方案具体操作。

(3)行调交出控制权,解锁进路道岔单独锁定,关闭敌对进路信号机自排(追踪)状态。

(4)行调向司机发布命令:××次列车反方向运行路径。

(5)原则上行调在 ATS 的人机接口上一次性排列好运行进路。通知反方向运行列车司机动车。

(6)行调及时扣停敌对进路列车。

4. 列车退行

列车因故在区间停车需要退行时,司机向行调报告:

(1)行调向值班主任报告,按值班主任下达方案执行。

(2)行调向接车站发布命令:××次列车退行回你站,请做好乘客引导及防护工作。

(3)行调向前方各车站发布(退行列车)延误信息,要求做好乘客服务。

(4)行调在 ATS 的人机接口上排列退行进路。无进路情况下,道岔单独锁定后命令司机确认进路安全动车。

(5)行调向退行司机发布命令:××次列车退行回××站,加强瞭望,注意安全,确认引导信号。

(6)司机采取后退模式(或者换端的方式)退行,进站前一度停车,确认车站引导手信号。

(7)退行列车到达接车站,行调根据值班主任方案分别向车站、司机布置任务与要求。

5. 列车采用非受限制人工驾驶模式(无信号保护)运行的规定

正线运营列车发生车载 ATP 故障无法恢复时,行调命令司机切除车载 ATP,采用非受限制人工驾驶模式运行。

行调应随时注意非受限制人工驾驶模式驾驶的列车运行情况,严格控制确保列车与列车之间的最小间隔在一站一区间以上。

司机按照调度命令要求动车,途中注意确认信号、道岔和进路,严格按照要求速度运行,严禁超速。

执行好"先上站台,后开门"的制度。

6. ATC 系统故障时的列车运行组织

ATC 系统故障是指 ATP、ATS 或 ATO 子系统发生故障,此时,列车运行组织方法改变如下:

(1)车载 ATP 设备故障

列车在运行中产生紧急制动,采用受限制人工驾驶模式驾驶,运行两个轨道区段接收不到速度码时,司机应向行调报告。按行调下达的调度命令,列车切除车载 ATP,改为非受限制人工驾驶模式驾驶,限速运行至就近存车线或终点站,退出运营。

(2)轨旁 ATP 设备故障

如是小范围的设备故障,由行调确认故障区间空闲后,向司机发布调度命令,列车降级运行(采用受限制人工驾驶模式),通过故障区段。如是大范围的设备故障,由行调发布调度命令,停止使用基本闭塞法,改按电话闭塞法行车,列车切除车载 ATP,行车凭证为路票。折返线折返时,采用调车方式办理,凭车站人员道岔开通手信号进出折返线。

7. 采用电话闭塞法行车时的列车运行组织

电话闭塞法是在没有机械、电气设备控制的条件下,仅凭站间行车电话联系来保证列车空间间隔的行车闭塞法。由于安全程度较低,所以只是一种临时代用的闭塞法。改用电话闭塞法行车,应有行调发布的调度命令,并严格按照规定的作业办法与要求办理。在改用电话闭塞法行车时,行调应及时调整列车运行计划,车站值班员根据调整后的列车运行计划,办理闭塞、准备进路、显示信号和接发列车。由于各城市轨道交通公司设备条件不同,在各城市轨道交通公司行车组织规则中,有关电话闭塞法行车的作业程序与办法并不相同,但基本都包含以下内容:

(1)办理闭塞

由发车站向接车站请求闭塞,接车站在确认接车区间、接车站站内线路空闲,接车进路准备妥当后,向发车站发出承认某次列车闭塞法的电话记录号码。所谓进路是指列车到达、出发或通过所需占用的一般站内线路,进路准备妥当是指列车进路空闲、有关道岔位置正确和影响列车进路的调车作业已经停止。

(2)发出列车

发车站接到接车站承认闭塞的电话记录号码后,填写路票交予司机,向列车司机显示手信号发车。

(3)司机操作

司机拿到路票确认正确后,切除车载 ATP,关闭车门,确认车站发车手信号,启动列车。

（4）行车凭证

行车凭证为路票及车站发车信号或厂调指令。路票见图2-31。

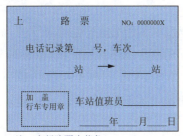
注：上行路票为蓝色。

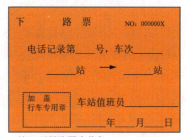
注：下行路票为黄色。

图 2-31　路票

8. 列车救援

（1）救援准则

正线列车救援时，首先遵循正向救援的准则，以确保其他正线列车正常运行秩序。

（2）救援要求

①司机对电客车的故障初步处理，原则上为4min，司机无法处理或4min后仍无法动车时，向检调申请技术支援，同时继续处理故障。

②对电客车故障处理时间原则上为7min，如仍不能动车时，由主任调度决定处理办法，当决定救援时，司机做好救援的防护连挂工作。

③使用电客车救援时，原则上使用后续列车前往救援，如不能空车前往救援时，连挂动车后须组织故障列车和救援列车在前方站清客。

④救援列车的准备与运行安排：

a.原则上救援列车运行至被救援列车后方站（相对于运行方向）清客或提前通知备用车司机整备好备用车，空车前往救援。

b.救援列车进入救援区间的驾驶模式：CBTC情况下为ATO，自动停车后，按行调命令转NRM运行；点式ATP模式/联锁模式均为NRM。救援列车运行至距故障列车15m处停车，听候故障列车司机的指挥连挂。

c.故障电客车在区间时，如需救援，原则上视为该区间已封锁，向封锁区间发出救援列车时，不办理行车闭塞手续，以行调命令作为进出该区间的许可，但救援列车司机仍需确认前方进路与道岔状况。救援列车连挂故障列车出清该区间后，视为该区间解封。

d.一旦确定救援时，由行调向司机及有关车站发布开行救援列车的命令。

e.已申请救援的列车不准动车，做好与救援列车的连挂准备工作。故障列车司机在连挂之前可继续排除故障，但不能启动列车，如故障排除则报告行调取消救援。

f.救援列车推进故障列车运行时，司机需在救援列车前端司机室（运行方向）驾驶，故障列车前端司机室需有乘务员进行引导，运行限速25km/h。救援列车牵引故障列车运行时，司机需在救援列车前端司机室（运行方向）驾驶，推进救援时限速25km/h，牵引救援时限速

30km/h。

g. 禁止使用工程车救援载客列车；使用工程车救援空客车时，连挂后原则上限速25km/h运行。

h. 救援列车与故障列车连挂后，救援列车只准以 NRM 模式运行。

i. 如救援列车与故障列车在存车线解钩后，受存车线路长度所限，救援列车需要退行才能开通后方区间，行调确认后方区间安全，可允许救援列车司机不换端以 NRM 模式退行至防护信号机前，退行路径上的相关道岔必须处在锁闭状态。

第三章 车辆基础

> **岗位应知应会**
>
> 1. 了解车辆机械的基础知识(转向架、车钩、车门及通风照明等),辅助系统知识。
> 2. 熟练掌握牵引和电制动、网关阀和智能阀、转向架截断塞门、辅助控制单元的相关知识。
> 3. 精通掌握车门知识、制动系统的特点及优先级以及牵引系统的作用。
>
> **重难点**
>
> 重点:列车编组形式及车底设备图,设备柜布置图,车钩的分类和特性,车门的开启条件、切除车门的步骤及紧急制动的触发条件,B05 的作用,停放制动的缓解方法。
>
> 难点:制动的分类、优先级和各种制动类型的特点,牵引系统作用,旁路开关使用条件以及辅助控制单元的相关知识。

城市轨道交通车辆是乘客的运载工具,是保证列车安全、正点、舒适运行的基础。城市轨道交通车辆要在地下隧道、高架和地面轨道上运行,启动和停车频繁,车辆启动加速度和制动减速度都比较大。同时,它有着自身的特点,如座位少、车门数量多且开度大,车体的防火性能要求高,在车体的结构及选材上均选用防火设计并做阻燃处理,对车辆的隔音和降噪有着严格的要求,车辆外观造型和色彩具有美化和与城市景观相协调的要求等。

一、车辆机械结构

城市轨道交通按运能范围、车辆类型及主要技术特征可分为有轨电车、地铁、轻轨、城郊铁路、单轨道交通、新交通系统、磁悬浮交通 7 类。城市轨道交通是由电力牵引、轮轨导向、轴重相对较重、具有一定规模运量、按运行图行车、车辆编组运行在地下隧道内,或根据城市的具体条件,运行在地面或高架线路上的快速轨道交通系统。城市轨道交通的运能,单向在 3 万人次 /h,最高可达 6 万~ 8 万人次 /h。最高运行速度可达 90km/h,旅行速度可达 40km/h 以上,可 4 ~ 10 辆编组,车辆运行最小间隔可低于 1.5min。驱动方式有直流电机、交流电机、直线电机等。城市轨道交通车辆是用来运送旅客的运输工具,属于城市快速轨道交通的范畴。城市轨道交通车辆车型没有统一的标准,国内城市轨道交通车型主要分为 A 型、B 型、C 型 3 种型号。A 型车长 21 ~ 24m,宽 3m;B 型车长 19 ~ 21m,宽 2.8m;C 型车长 15 ~ 19m,宽 2.6m。本文中车辆以中国中车株洲机车厂生产的 B 型车(郑州市轨道交通 1 号线采用车型)作介绍。

(一)车辆概述

1. 车辆参数

(1)列车为6辆车编组,采用"4动2拖"的列车编组形式,4节动车和2节带司机室的拖车。车辆总体上分为机械部分和电气部分。机械部分包括有车体、车钩及缓冲器、车门系统、转向架、空气制动系统、空调和通风;电气部分包括有牵引及电制动、辅助系统、列车控制技术、列车故障诊断、通信系统、列车自动控制系统。

(2)列车满足线路条件(表3-1)、供电系统参数(表3-2)及车辆基本技术性能(表3-3)及设计参数(表3-4、表3-5)。

线 路 条 件　　　　　　　　　表3-1

最小竖曲线半径	2000m
最小平面曲线半径	正线 300m 辅助线 150m 车辆段 150m
最大坡度	正线 35‰ 车站 3‰ 辅助线 35‰
轨道参数	轨距 1435mm
正线及辅助线钢轨类型	60kg/m
车辆段钢轨类型	50kg/m
轨道最大超高	120mm
轨底坡	1/40
钢轨头部竖向最大磨损	10mm
正线连接9号道岔最小导曲线半径	180m
车辆段连接7号道岔最小导曲线半径	150m
站台高度	1050mm
站台有效长度	120m
站台边缘与直线轨道中心距	1500mm

供 电 系 统　　　　　　　　　表3-2

供电方式	架空接触网
供电电压	DC 1500V
网电压波动范围	DC 1000～1800V
再生制动时最高电压	DC 1950V
高速断路器断开电压	持续高于DC 1980V(暂定)
接触网高度(距轨面)	地下区段　4040mm 地面及高架桥　5000mm

车辆主要参数　　　　　　　　　　　表 3-3

项目	参数
车体静态纵向压缩载荷	1000kN
车体静态纵向拉伸载荷	850kN
车辆长度（车钩连接面之间长度）	Tc 车 20354mm Mp 车 19520mm M 车 19520mm
列车总长度（含全自动车钩）	118788mm
车辆最大宽度	2892mm
车辆高度 （轨面至车顶高、新轮、不含受电弓）	≤3722.5mm
受电弓	受电弓落弓时最高点高度≤3830mm 受电弓工作高度 150～1950mm
车体内中心高度（客室净高）	地板面至天花板中心高度 2100mm 客室内乘客站立区高度 1900mm
地板面距轨面高度（AW0，充气，新轮）	1050mm
定距	12600mm
转向架固定轴距	2300mm
车钩中心线距轨面高度 （AW0，充气，新轮）	660mm
车轮直径	新轮 840mm 半磨耗轮 805mm 磨耗轮 770mm
客室车门对数	8 对/辆
客室车门开宽度	1300±4mm
车门开启时，门槛顶面以上高度	1850±10mm
整列车各车门中心线距离	4460mm
开门和关门时间的调整范围	2.5～4.0s
开门和关门的时间整定值	3±0.5s
贯通道宽度	≥1300mm
贯通道高度	≥1900mm
客室窗	1850±10mm
每车窗数	6 扇/辆
窗底离地板面高度	880mm

列车牵引特性　　　　　　　　　　　　　　　　　　表3-4

车辆构造速度	90km/h
列车最高运行速度	80km/h
列车联挂速度	5km/h
洗车速度	3km/h
列车反向运行(方向手柄向后)最大速度	10km/h
计算用牵引黏着系数	0.17
起动加速度(0→36km/h)(AW2,平直轨道)	≥1.0m/s²
平均加速度(0→80km/h)(AW2,平直轨道)	≥0.6m/s²
冲击极限	0.75m/s³
列车在车辆段内安全通过速度	≤25km/h

列车制动特性　　　　　　　　　　　　　　　　　　表3-5

常用制动平均减速度(80km/h→0)(AW0～AW3,平直轨道)	≥1.0m/s²
紧急制动平均减速度(80km/h→0)(AW0～AW3,平直轨道)	≥1.2m/s²
计算用制动黏着系数	0.14～0.16
冲击极限	0.75m/s³
紧急制动距离(初始速度80km/h时)(AW0～AW2载荷)	≤205m
紧急制动距离(初始速度80km/h时)(AW3载荷)	≤215m

(3)列车故障运行能力

①在损失1/4动力时,在AW2状态下,列车可以正常往返全程。

②在损失1/2动力时,在AW3状态下,列车可在正线最大坡道上起动并运行到下一车站。

③一列空载列车牵引一列超员载荷AW3故障列车,能在正线最大坡道上起动并运行到下一车站。

2. 列车总体布置

(1)列车组成

①每列车由2个单元共6辆车组成,每个单元由1辆拖车(A车)和2辆动车(B车和C车)组成。

②一单元内的3辆车之间通过半永久牵引杆进行机械连接,两个单元之间以半自动车钩连挂。电气连接通过固定在车钩两侧的电气连接箱实现气动功能并通过用于连接车辆的软管进行传递。

③各单元的司机室端配备全自动车钩。如果出现紧急情况,可将两列车连挂,用一列车来拖动另一列车。

④每节车均有2个转向架。动车由2个动车转向架支撑,轮对均由牵引电机驱动。拖车则由拖车转向架支撑,不提供驱动功能。

(2)编组及设备位置见图3-1。

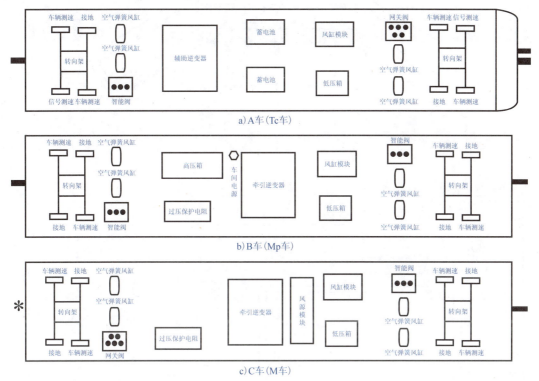

图3-1　编组及车底设备图

3. 司机室布置

(1)司机室及内部设备布置以符合人机工程学为原则,在设计时融入了现代和审美思维,考虑了司机舒适性、安全性和可靠性。

座椅和控制范围设备的布置使得司机在就座或站立的情况下均能从事日常工作。所有列车司机均能获得清晰的车外视野,以满足视觉要求并执行正常运行。可调节司机座椅满足所有列车司机的舒适性。天花板用于放置照明灯、空调出风口和通风单元的控制面板以及列车广播和无线电设备的喇叭。

(2)司机台总体布置见图3-2、图3-3。

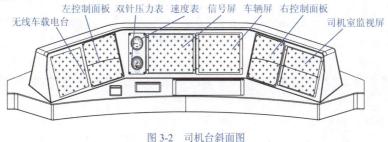

图3-2　司机台斜面图

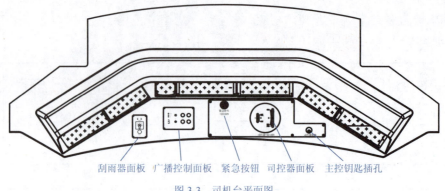

图 3-3　司机台平面图

（3）无线车载电台见图 3-4。

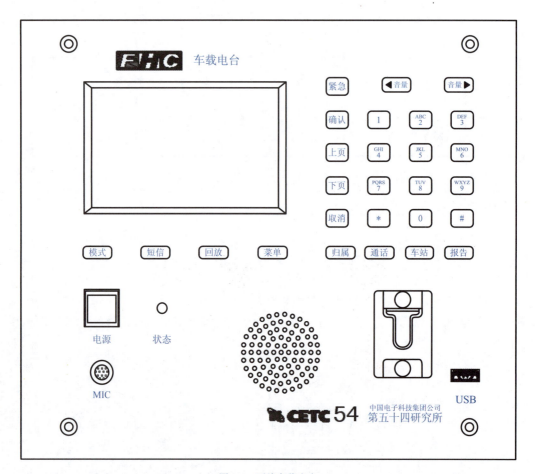

图 3-4　无线车载电台

（4）左控制面板见图 3-5。

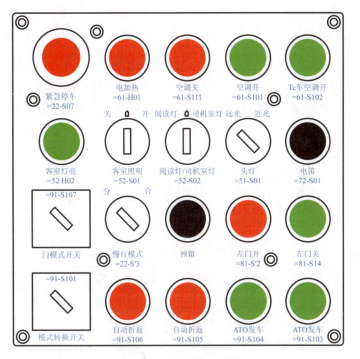

图 3-5 左控制面板示意图

(5)右控制面板见图 3-6。

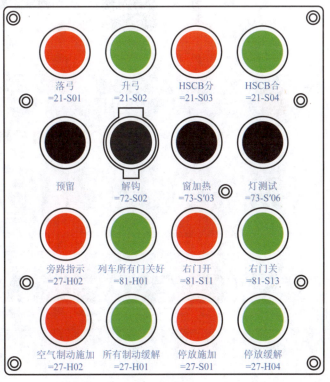

图 3-6 右控制面板示意图

（6）设备柜见图 3-7。

=21-F101	=22-F101	=27-F101	=28-F101	=28-F103	=31-F103	=31-F104	=41-F101	=41-F102	=41-F103	=41-F104	=41-F105	=42-F101	=44-F101	=45-F101	=45-F102	=45-F103	=32-F05	备用
受电弓控制	列车控制	停放制动	智能阀	网关阀	辅助逆变器1	辅助逆变器2	SKS	Repter A	Repter B	HMI	VCU	火灾报警	无线电	ACSU	PACU	动态地图	永久负载	备用
=46-F101	=46-F102	=46-F103	备用	=46-F105	=46-F106	=46-F107	=51-F101	=52-F101	=52-F102	=52-F103	=61-F101	=61-F102	=72-F101	=73-F101	=73-F102	备用	备用	备用
网络媒体服务器	LCD播放控制器	无线网络	备用	LCD	司机室触摸屏	车载交换机	外部照明	司机室内部照明	客室左侧照明	客室右侧照明	紧急通风	空调控制	列车连挂	司机室辅助设备	玻璃加热	备用	备用	备用
=73-F103	=73-F104	=81-F101	=82-F101	=82-F102	=82-F103	=82-F104	=84-F101	=84-F102	=91-F101	=91-F102	=91-F103	=91-F104	=91-F105	=91-F106	=31-F102			
轮缘润滑	刮雨器	车门控制	门控单元1，2	门控单元3，4	门控单元5，6	门控单元7，8	左门状态监控	右门状态监控	ATC BAT1	ATC BAT2	ATC BAT3	ATC BAT4	ATC BAT5	ATC BAT6	方便插座 220V			

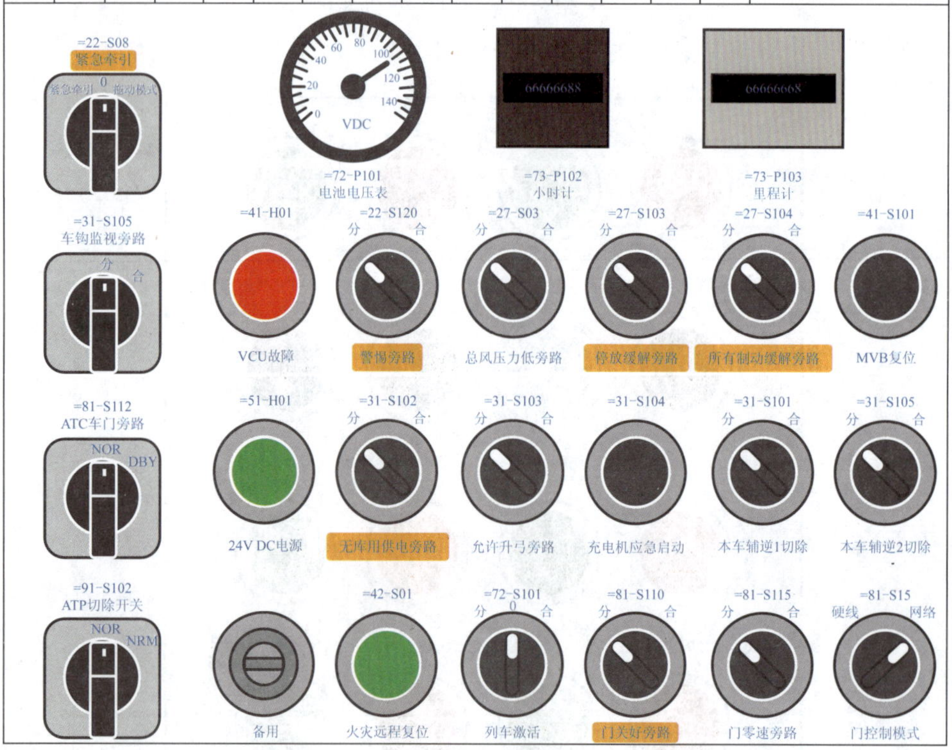

=22-S08
紧急牵引
紧急牵引 0 制动模式
=72-P101
电池电压表
VDC
=73-P102
小时计
=73-P103
里程计
=31-S105
车钩监视旁路
=41-H01
VCU故障
=22-S120
警惕旁路
=27-S03
总风压力低旁路
=27-S103
停放缓解旁路
=27-S104
所有制动缓解旁路
=41-S101
MVB复位
=81-S112
ATC车门旁路
NOR DBY
=51-H01
24V DC电源
=31-S102
无库用供电旁路
=31-S103
允许升弓旁路
=31-S104
充电机应急启动
=31-S101
本车辅逆1切除
=31-S105
本车辅逆2切除
=91-S102
ATP切除开关
NOR NRM
备用
=42-S01
火灾远程复位
=72-S101
列车激活
=81-S110
门关好旁路
=81-S115
门零速旁路
=81-S15
硬线 网络
门控制模式

图 3-7　设备柜布置图

（7）蓄电池电压表、小时计、里程表见图 3-8。

a)=72-P101 电池电压表

b)=73-P102 小时计

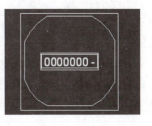
c)=73-P103 里程表

图 3-8 蓄电池电压表、小时计、里程表

4. 车辆编号及标记定义说明

(1)每节车的 1 位端按如下定义(另一端被定义为 2 位端)。

A 车:1 位端为带有全自动车钩的一端。

B 车:1 位端为远离受电弓的一端。

C 车:1 位端为连接半永久牵引杆的一端。

(2)从车辆的 2 位端向 1 位端看去,观察者的右侧定义为车辆的右侧,另一侧定义为左侧。

(3)面朝着列车行驶方向,观察者的右侧即列车的右侧,另一侧定义为列车的左侧。

5. 编号的定义说明

(1)每节车的转向架都分为转向架 1 和转向架 2。

(2)转向架 1 在车辆的 1 位端,转向架 2 在车辆的 2 位端。

(3)轴从 1 位端最前端到 2 位端最末端,以 1～4 依次连续编号,见表 3-6。

轴 编 号　　　　　　　　　　　　　　　　表 3-6

C 车				B 车				A 车			
转向架 2		转向架 1		转向架 2		转向架 1		转向架 2		转向架 1	
4 轴	3 轴	2 轴	1 轴	4 轴	3 轴	2 轴	1 轴	4 轴	3 轴	2 轴	1 轴

(4)座椅编号

每节车都有 6 个长座椅纵向排列在车辆的侧部。这些座椅的编号是从 1 到 6,左侧是奇数字,右侧是偶数字,座椅 1 和座椅 2 距 1 位端最近。(A 车 2 位端有 2 处轮椅安放区;B 车 2 位端有轮椅安放区和小座椅;C 车 2 位端则有 2 个小座椅;小座椅均无编号。)座椅编号见图 3-9。

6. 车体

车体是车辆结构的主体,车体的强度、刚度,关系到运行的安全性、可靠性、舒适性;车体的重量关系到能耗、加速度、载客能力乃至列车编组形式。以上所述直接影响运营质量和经济效益。

列车车体均为鼓型车体,由质量较轻的铝合金材质制作而成。车体主要部件有底架、侧墙、端墙及车顶。

车体的外部造型为体现现代和时尚的流线型,车体的最大外轮廓满足车辆限界的要求。车体内部涂防火阻尼以满足车体防火及隔音降噪的要求。车体结构承受垂向、纵向、扭转等载荷。司机室端部有防爬器满足意外撞车时的要求。

底架用大型铝合金挤压型材焊接而成,是车体的基础结构件,承受车体上部载荷并传递给整个车体,承受因各种原因而引起的横向力和走行部传来的各种振动和冲击。

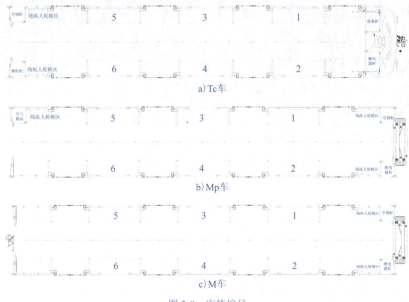

图 3-9 座椅编号

(二)车辆转向架

1. 转向架简介

车辆转向架是在中车株洲电力机车有限公司已有的技术平台 ZMA120 型城市轨道交通列车转向架(广州市轨道交通 3 号线)的基础上进行研究开发,运用模块化设计方法,进行集成创新设计的一款转向架。

转向架的相关技术参数见表 3-7。

表 3-7 转向架的相关技术参数

参　数	单　位	数　值
轴式	—	B0-B0(动车)/2-2(拖车)
轨距	mm	1435
轴距	mm	2300
构造速度	km/h	90
最大运营速度	km/h	80
转向架中心距(定距)	mm	12600

续上表

参　　数	单　位	数　　值
最大轴重	t	14
车轮滚动圆直径	mm	840（新轮）/770（全磨耗轮）
轮对内侧距	mm	1353±2
车轮踏面	—	EN 13715-S1002/h28/e32/6.7%
一系垂向止挡间隙	mm	37±3
二系横向止挡间隙	mm	40（自由间隙15mm，弹性间隙25mm）
空气弹簧上表面距轨面高度	mm	894

（1）转向架的主要功能

①支撑车体、传递载荷。

②使车辆顺利通过曲线。

③传递牵引力和制动力。

④缓和振动和冲击，提高乘坐舒适性。

（2）转向架上的主要部件

构架、轮对轴箱组装、驱动装置（包括电机、联轴节、齿轮箱等，仅安装于动车转向架）、基础制动装置、一系悬挂装置、二系悬挂装置、牵引装置、抗侧滚扭杆装置、轮缘润滑装置（仅安装于前10列车的拖车转向架1）、TIA天线（仅安装于拖车转向架1）、整体起吊装置。

转向架装设在车辆和轨道之间，是车辆走行部分，分为动车转向架1、动车转向架2、拖车转向架1和拖车转向架2共4种，动车转向架1见图3-10，动车转向架2见图3-11，拖车转向架1见图3-12，拖车转向架2见图3-13。

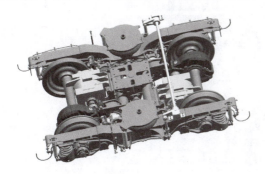 

图3-10　动车转向架1　　　　　　　　图3-11　动车转向架2

2. 转向架关键部件介绍及其主要功能

（1）构架主要功能

安装转向架部件，如轮对、一系悬挂装置、二系悬挂装置、牵引电机、齿轮箱、牵引装置、基础制动单元、减振器等；传递牵引力、制动力和承担车体重量，以及传递各部件产生的作用力。

(2)轮对主要功能

轮对是车辆走行部中最重要的部件之一。车辆的全部静载荷均通过轮对传给钢轨;牵引电动机的转矩经过轮对作用于钢轨,产生牵引力。当列车沿着轨道运行时,轮对还刚性地承受来自钢轨接头、道岔及线路不平顺的全部垂直方向和水平方向的冲击作用力。其性能的好坏直接影响车辆的运行品质。轮对由两轮一轴组成,车轮热压装在车轴上,是车辆与轨道的接触部分,引导车辆安全地沿轨道运行,承载车辆重量,将牵引力和制动力传递到轨道。

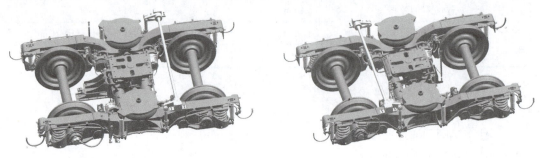

图3-12 拖车转向架1　　　　　图3-13 拖车转向架2

(3)轴箱主要功能

传递牵引力和制动力。将轮对的旋转运动转换为车辆的直线运动。支撑一系弹簧上的载荷。轴箱(图3-14)根据轴端电气部件的不同分为如下三种:

①安装BECU速度传感器的轴箱组装。

②安装信号速度传感器的轴箱组装。

③安装接地装置的轴箱组装。

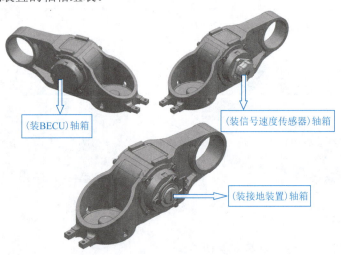

图3-14　3种轴箱组装

(4)驱动装置主要功能

每个动车车轴上均装有一套驱动单元,包括电机、联轴节、齿轮箱等;牵引电机以全悬挂的方式安装在转向架构架上;齿轮箱的一端支撑在车轴上,另一端由齿轮箱吊杆连到转向架构架上;牵引电机和齿轮箱之间力的传递由联轴节来实现,其产生驱动力矩、电制动力矩,并将驱动力矩、电制动力矩传递到轮对上。

(5)基础制动装置主要功能

每个转向架设有4个踏面制动单元,其中2个带有储能制动器(停放制动-弹簧制动),成斜对角布置;制动单元吊挂在横梁上的制动器座上,实施常用制动或紧急制动,使车辆减速直到停止;储能制动器还可实施停放制动功能。

(6)一系悬挂装置主要功能

一系悬挂装置由螺旋钢弹簧、转臂橡胶关节、一系垂向止挡和一系垂向减振器等部件组成。转臂橡胶关节将轮对与构架定位;螺旋钢弹簧位于轴箱体侧面;在每轴箱处设一个垂向油压减振器,用于连接轮对与构架;传递牵引力和制动力;缓冲牵引力及制动力的冲击;支撑构架与车体重量。一系悬挂见图3-15。

图3-15 一系悬挂装置

(7)二系悬挂装置主要功能

二系悬挂装置包括:空气弹簧、二系垂向减振器、二系横向减振器、高度调节装置、横向止挡等。

其主要功能为:支撑车体重量;减小振动、避免共振,提高车辆的运行平稳性;通过高度调节阀确保车辆地板高度;横向止挡装置限制二系悬挂装置横向变形,以免超出正常自由范围,其弹性阻尼元件用来减小横向冲击。二系悬挂装置见图3-16。

图3-16 二系悬挂装置

(8)牵引装置主要功能

牵引装置采用单拉杆牵引。牵引装置由牵引座和牵引拉杆组成。牵引座通过螺栓固定在车体底架上,牵引拉杆一端固定在牵引座上,另一端固定在转向架构架横梁支座上。

其主要功能为:连接转向架和车体;传递牵引力和制动力;使转向架能够相对于车体旋转,使列车顺利通过曲线;安装整体起吊装置。

(9)抗侧滚装置主要功能

抗侧滚装置主要由1根扭杆和2根拉压杆组成,扭杆横向安装于车体底架下方。限制车体相对于转向架的侧滚运动;加强车体抗倾覆稳定性,提高列车的乘坐舒适度。

(10)轮缘润滑装置

郑州市轨道交通1号线前10列车的拖车转向架1上安装了轮缘润滑装置。

（11）TIA 天线

TIA 天线安装在每列车的拖车转向架 1 上，具体位置为第一根轴和构架横梁之间。

（12）整体起吊装置

整体起吊装置上部通过钢丝绳连接牵引座，下部与构架相连，转向架可通过钢丝绳与车体被一同吊起。

（三）车钩和缓冲器

车钩安装于车辆两端，用来实现机车和车辆或车辆和车辆之间的连挂，传递牵引力及冲击力，并使车辆之间保持一定距离的车辆部件。

1. 车钩的分类和特性

列车选用的车钩系统，包括全自动车钩、半自动车钩和半永久牵引杆。全自动车钩可用于一列正常运行的编组列车来推进/牵引救援有故障的编组列车，在连挂时可以进行机械、电路、气路的连接。车辆为 6 辆车编组时，车钩连接方式为：=A-B-C*C-B-A=。其中，= 表示全自动车钩；- 表示半永久牵引杆；* 表示半自动车钩。

（1）全自动车钩（图 3-17）具有如下特性：

①自动实现机械、气路、电路连接。

②可在司机室通过操作解钩按钮，实现自动气动解钩（气动故障，可手动解钩）。

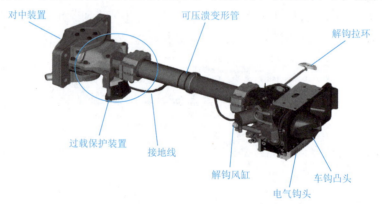

图 3-17　全自动车钩的组成

（2）半自动车钩具有如下特性：

①自动实现机械、气路连接。

②因无电气钩头，故需手动实现电路连接。

③能手动（气动）解钩。

（3）半永久牵引杆具有如下特性：

①手动机械、气路、电路连接。

②不具备气动解钩功能。

（4）全自动车钩钩头的机械组成见图 3-18。

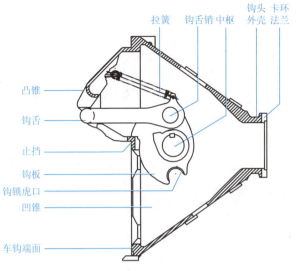

图 3-18 全自动车钩的机械组成

①全自动车钩水平最大摆角 ±45°，垂直最大摆角 ±6°。

②全自动车钩电气钩头的组成及其工作原理。车钩头部件见图 3-19。

组成：利用活动和固定触点将电气钩头与列车配线相连。电气钩头配备有护盖见图 3-20，在电气钩头向前及向后动作时，该护盖可以自动开启及闭合。电气钩头配有带导向杆及导套的对中装置，帮助电气钩头在连挂过程中实现对准。

工作原理：压缩空气进入气缸，推动活塞运动，顶出电气盒中的电气接头。W05（小红阀）通过控制二位五通阀中进入气缸活塞的前后两个接口的开关，达到控制活塞前后动作的目的。电路触点检测到车钩机械连接之后，形成电路通路，控制二位五通阀相关阀门，往电气盒活塞气缸中充风。解钩期间，电动头首先缩回，然后机械连接被分离。

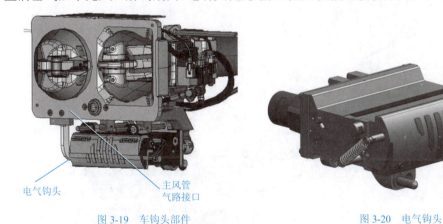

图 3-19 车钩头部件　　　　图 3-20 电气钩头

③供气系统中断时电气钩头解钩

如果由于供气系统中断而无法供气导致电气钩头无法解钩，应当手动分离电动车钩后（关闭 W05，然后再用专用扳手让电气钩头缩回），再用自动车钩解钩拉环手动解钩。

④不连接电气钩头的机械连挂

如果电动车钩头出现故障,则通过操作带W05(小红阀),排除气缸内的空气。让电钩头保持在缩回的位置,此时只有机械及气路连接。

(5)半自动车钩

①半自动车钩用于实现一列车的两个单元车之间的连挂,半自动车钩与全自动车钩相似,但未设电气钩头,电气部分连接靠人工安装的线缆完成,故需手动连挂,半自动车钩设有四触点电连接器,用于检测两个单元车半自动车钩是否连挂完好。半自动车钩见图3-21。

②四触点连接器利用不同类型的触点通过车钩与列车配线相连。它设置在车钩表面的内孔中,并包含两个活动触点和两个固定触点。当车钩头连挂时,固定/活动触点被压向其中一个反向车钩,同时建立电气连接,用于实现对半自动车钩的监控。四触点连接器见图3-22。带可压溃变形管的半自动车钩见图3-23,不带可压溃变形管的半自动车钩见图3-24。

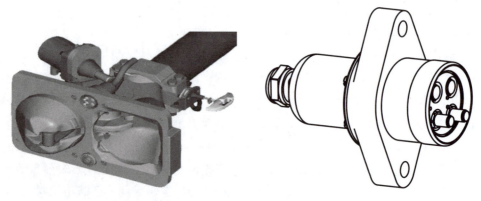

图3-21 半自动车钩　　　　　　图3-22 四触点连接器

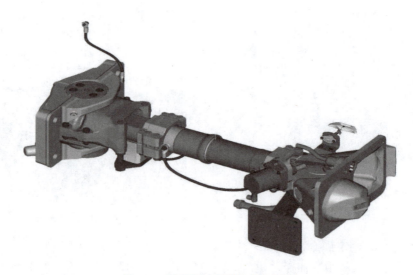

图3-23 带可压溃变形管的半自动车钩

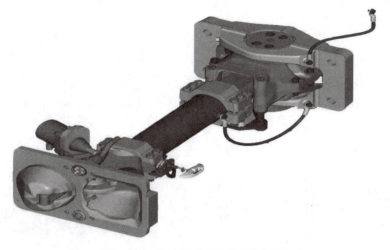

图 3-24 不带可压溃变形管的半自动车钩

③半永久牵引杆用于 A 车和 B 车、B 车和 C 车之间的连接,形成一个单独的三节车单元。连挂和解钩操作只能在车间进行,半永久牵引杆有两种,一种带可压溃变形管,另一种不带。带可压溃变形管的半永久牵引杆见图 3-25,不带可压溃变形管的半永久牵引杆见图 3-26。每一节车两端,一端带可压溃变形管,另一端不带。

图 3-25 带可压溃变形管的半永久牵引杆

图 3-26 不带可压溃变形管的半永久牵引杆

2. 车钩缓冲器工作原理

（1）车钩缓冲器用来缓和列车在运行中由于牵引力的变化或在启动、制动及调车作业时车辆相互碰撞而引起的纵向冲击和振动。缓冲器有耗散车辆之间冲击和振动的功能，从而减轻对车体结构的破坏作用，车辆起缓冲作用的部件主要有车钩的可压溃变形管和过载保护装置，其中过载保护装置采用内部剪切的方式，在以大于15km/h的速度碰撞时，过载保护套被剪切。过载保护装置动作图见图3-27。

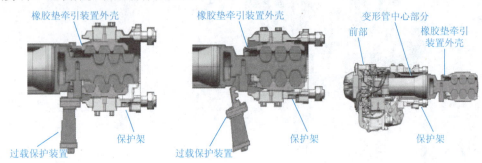

图3-27 车钩橡胶缓冲器工作过程

① 当一列AW0的列车以小于或等于7km/h的速度与一列AW0处于停放制动的列车相撞时，完全由车钩橡胶缓冲器吸收能量，车体和车钩不产生任何损坏。

② 当一列AW0的列车以7～15km/h的速度与一列AW0处于停放制动的列车相撞时，车钩及缓冲器系统能有效地吸收其碰撞能量，可压溃变形管外会动作，此时连挂好后可维持运行。

③ 当一列AW0的列车以大于15km/h的速度与一列AW0处于停放制动的列车相撞时，自动车钩过载保护装置动作，后部车钩和列车前端的防爬器将会吸收剩余能量。

（2）全自动车钩工作工况

① 待挂。

钩舌腹板靠近于凸锥边缘。钩板通过拉簧压入，顶住车钩头外壳里的止挡。对侧车的钩舌顶着钩板克服弹簧力做顺时针转动。待挂见图3-28。

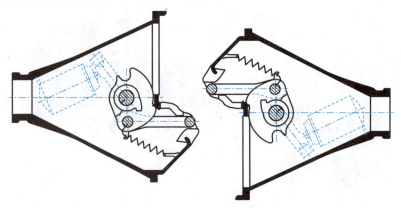

图3-28 待挂

②连挂。

当车钩表面配合时,钩舌被压向对侧车钩的钩板上。车钩锁抵抗拉弹簧的作用力转动,直至将钩舌与钩板槽啮合。此后钩板受拉弹簧的作用,向后转动到已连挂位置。车钩锁闭锁。车钩锁的位置分成准备挂连模式和已挂连模式。

当车厢连挂后,锁紧装置会形成一个平行四边形形状,这样可以将牵引荷载均匀地分布在两个钩锁装置上。车钩锁只受到拉伸负荷的影响,负荷均匀地分布在平行四边形的两个钩舌上,普通的磨损不会影响车钩锁的安全。连挂见图3-29。

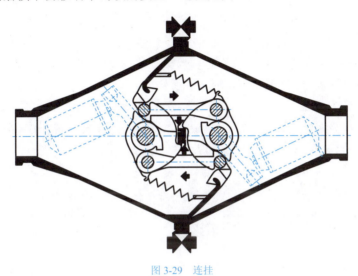

图3-29 连挂

③解钩。

解钩时,车钩锁抵抗拉簧的作用力顺时针转动,直至将连杆从钩板槽中释放出来,同时两钩舌虎口分开。解钩见图3-30。

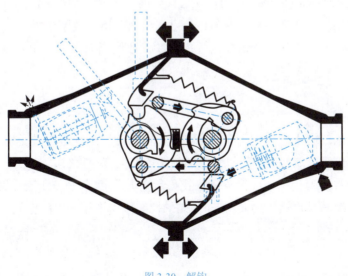

图3-30 解钩

(3)车钩电路连接正常时列车紧急连挂

①电路正常连接的连挂程序

故障列车做好防护后,救援列车与故障列车进行连挂,连挂后确认解钩灯亮,试拉正常后,将 =22-S08 旋钮开关打至拖动位。

②连挂时车钩电路连接正常可实现的功能

如果必要的电路处于正常工作状态,则可以实现以下针对整个编组车辆(救援列车和故障列车)的功能:司机室对讲;在任一司机室能对所有客室进行广播;所有司机室的紧急按钮都能触发 2 列车的紧急制动;在激活列车司机室能施加/缓解所有车停放制动。

③全自动车钩解钩方式

全自动车钩解钩可以通过司机室内解钩按钮(=72-S02)或拉全自动车钩解钩拉环手动解钩,全自动车钩解钩顺序先电气解钩后机械解钩。

④司机室解钩

按压司机室解钩按钮(=72-S02),解钩电磁阀得电,将压缩空气输送到车钩的解钩气缸中,使活塞杆向前移动,转动车钩锁钩板以释放钩舌。

⑤手动解钩

手动解钩时需先关闭 W05(小红阀),再通过拉扯钩头上的解钩拉环,带动车钩锁钩板顺时针转动,让车钩锁虎口分离,实现机械车钩解钩。

(4)全自动车钩连挂注意事项:

最低速度:0.6km/h;最高速度:5km/h。

①一列 AW0 列车车与另一静止 AW0 列车以小于等于 7km/h 速度碰撞,车钩橡胶缓冲器可有效吸收其能量;当速度在 7km/h 至 15km/h 之间碰撞时,可压溃变形管会动作;当速度大于 15km/h 时,过载保护装置将会动作。

②自动车钩能实现两列车之间的自动连挂。两列车辆对准后,无须人工协助也可确保车辆连挂。电气连挂可实现两列车的通话及电气控制(如拍紧停时两列车同时紧制)等功能。连挂是否成功可通过观察解钩灯是否亮、试拉、通话、施加缓解停放制动等来判断。

(四)列车通风与照明

1. 空调与通风系统

空调与通风系统(VAC)确保列车客室和司机室保持一个舒适的温度和湿度状态。车辆空调系统由空调机组控制系统、送风道、电加热器以及废排装置组成。

空调机组安装于列车车顶。每个客室装两台空调机组,分别位于整个客室的 1/4 和 3/4 处。每个司机室配有一台通风单元,车厢空调的控制板安装在车内的电气柜内,送风道安装在车厢天花板上方。

根据车厢内外的环境条件,VAC 系统具有以下功能:预冷(仅当空调系统首次得电并检测到车厢内有制冷需求时)、制冷(分半冷和全冷两种工况)、预热、制热、通风、紧急通风、故障模式。

2. 列车照明

列车照明大致分为：客室照明、司机室照明、外部照明三类。

(1)客室照明

①客室照明使用节能环保的 LED 平面照明灯具,充分考虑故障条件下灯光照明的均匀性,整个照明系统的设计合理,灯带布置美观、均匀。客室照明均由直流 110V 供电。

②客室照明控制：客室照明通过位于司机台上的自复位旋钮开关来控制,照明控制开关位于司机室内,正常情况下,司机可以由受控司机室对主照明和紧急照明的工作状态进行控制,照明接通的维持不受控于主控制器钥匙,当操作主控钥匙时（开/关）,客室内的照明不受影响。

③紧急照明分为两种情况：当列车激活时,打开任意端司机台上的照明开关即为紧急照明；当意外造成车内动力供电中断或低压电源故障时,客室照明将由正常模式自动切换为紧急照明模式,紧急照明时亮度仅为正常时的 1/3。

(2)司机室照明

①司机室照明电路及控制电路独立于客室照明电路,由 DC110V 紧急直流电源列车线供电。司机室顶棚灯通过设置在主控面板上的三位自锁旋钮控制。

②该旋钮打到"阅读灯"位,司机室顶板上的阅读灯点亮；打到"司机室",司机室顶棚灯点亮；打到"0",阅读灯和司机室顶棚灯都不亮。

(3)列车外部照明

外部照明由头灯、尾灯和运行灯组成。其中头灯包括远光灯、近光灯,供电电压为 24V,运行灯、尾灯供电电压为 110V。见图 3-31。

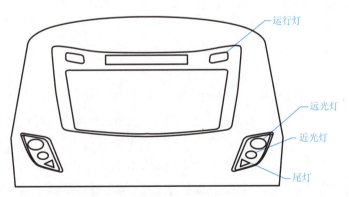

图 3-31 列车外部照明

列车处于激活状态时仅两端的红色尾灯亮,方向手柄在"0"位时,所有的头灯和运行灯都不亮,当司机室占有,且方向手柄在"向前"位时,以下灯具点亮。

①列车"前"端的头灯和白色运行灯。

②列车"尾"端的尾灯和红色运行灯。

当司机室占有,且方向手柄在"向后"位时,以下灯具点亮:"前"和"尾"两端的头灯和白色运行灯以及"前"和"尾"两端的尾灯和红色运行灯。头灯的远近光通过位于主控面板上的两位自锁旋钮进行切换。

(五)车门系统

1. 概述

车门系统主要用于乘客快速上下,保证乘客乘坐安全舒适,车辆两侧设置多个车门,满足快速、高效、安全的城市轨道交通运营需求。

(1)我国现有城市轨道交通车门按结构分有三种:

①内藏门:车门在开关作业时,门页在车辆侧墙的外墙板和内墙板之间的夹层移动。

②外挂门:跟内藏门主要区别是门页和悬挂机构始终位于侧墙外侧。

③塞拉门:车门在开启状态时,车门打开时门页贴靠在侧墙外侧;车门关闭时,门页贴靠在侧墙内侧。塞拉门由电机驱动丝杆和螺母机械传动机构,丝杆和螺母传动机构带动门叶移动,实现车门的关闭。门叶托架上的滚轮在导轨内滑动,上导轨的端部有一定的弯曲以保证门叶最后的关闭,下导轨安装在门叶下部,与安装在车体上的滚轮啮合,从而保证车门与侧墙的平行度。在门关闭状态时,制动装置的机械结构能防止门打开;开门动作时,它由电磁阀控制松开。塞拉门特点:

a. 密封性好,关闭严实,提高舒适性。

b. 车门关闭后跟车体在一个平面,减少运行中的阻力,有利于节约用电,符合节能高效,符合新兴公共交通的特性。

c. 可靠性高,控制智能化,有助于城市轨道交通安全准点的运行。

d. 外观平滑,整体和谐美观,便于列车清洗。

(2)车门系统介绍

①车门系统由客室车门、司机室侧门和通道门组成。

②司机室侧门位于A车的司机室两侧,每列共4套,用于司机进出司机室。客室侧门位于车辆两侧,每节车每侧4套,每列车共48套,用于乘客上下车辆。每个客室侧门设有1个紧急出口装置,位于客室侧门右侧的门立柱罩上,供乘客或司乘人员在紧急情况下从客室内打开客室侧门。紧急入口装置位于C车的1号门和2号门上,用于司乘人员在紧急情况下或者在平时检修时使用钥匙从车外打开客室侧门,进入客室内。

③为了定义MDCU的位置,将车门编号定义为:从每节车车辆左侧1位端到2位端车辆编号为1、3、5、7,右侧为2、4、6、8。

④每节车厢客室门1和2的EDCU为主车门控制单元(MDCU),而每节车厢的客室门3~8的EDCU则作为本地车门控制单元(LDCU)来使用。

2. 车门组成、功能及相关开关的作用

车门示意图见图3-32,客室车门组成见表3-8。

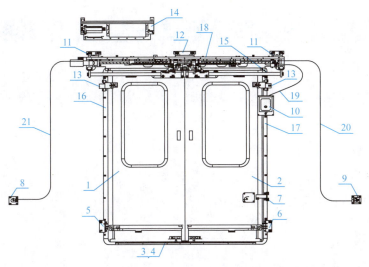

图 3-32 车门示意图

1- 左门扇；2- 右门扇；3- 嵌块；4- 门槛；5- 摆臂组件（左）；6- 摆臂组件（右）；7- 隔离开关组件；8- 紧急入口装置（左）；9- 紧急入口装置（右）；10- 紧急出口装置；11- 安装架（两侧）；12- 安装架（中）；13- 平衡轮组件；14-EDCU部件；15- 上压条；16- 左侧压条；17- 右侧压条；18- 机构；19- 内操作钢丝绳组件；20- 外操作钢丝绳组件（右）；21- 外操作钢丝绳组件（左）

客室车门组成　　　　　　　　　　　　　　表 3-8

序号	名　　称	单　位	数　量	备　　注
1	左门扇	扇	1	
2	右门扇	扇	1	
3	嵌块	块	1	
4	门槛	件	1	
5	摆臂组件（左）	套	1	
6	摆臂组件（右）	套	1	
7	隔离开关组件	套	1	
8	紧急入口装置（左）	套	1	每辆M车仅1套门具有
9	紧急入口装置（右）	套	1	每辆M车仅1套门具有
10	紧急出口装置	套	1	
11	安装架（两侧）	件	2	
12	安装架（中）	件	1	
13	平衡轮组件	套	2	
14	EDCU部件	套	1	
15	上压条	根	1	
16	左侧压条	根	1	
17	右侧压条	根	1	

续上表

序号	名　称	单　位	数　量	备　注
18	机构	套	1	
19	内操作钢丝绳组件	套	1	
20	外操作钢丝绳组件	套	1	每辆 M 车仅 1 套门具有
21	外操作钢丝绳组件	套	1	每辆 M 车仅 1 套门具有

（1）技术参数

车门宽：1300±4mm

车门高：1860±10mm

车门全开时所占空间：2872mm

供电电压：DC110V

开关门延时时间：0～4.0s（可调）

探测最小障碍物：30mm×60mm（宽×高）

最大挤压力：150N 有效力，最大 300N 峰值力

（2）行程开关的名称及关系

行程开关的名称：锁到位开关（S1）；关到位开关（S4）；紧急解锁开关（S3）；门隔离开关（S2）。

锁到位开关 S1、关到位开关 S4 上的常闭触点以及紧急解锁开关 S3 的常闭触点串联连接形成一个安全回路，有这条回路闭合列车才可以牵引。

3. 车门控制原理

车门开启条件：

① DC110V 电源正常。

② 零速继电器得电。

③ 有车门允许信号。

④ 给出开门指令。

车门动作原理（图 3-33）：按压开门按钮发出开门指令，开门指令传递到 EDCU（门控器），EDCU 控制门驱电机转动，电机带动丝杆转动，丝杆带动螺母副平移，螺母副带动携门架沿导柱运动，携门架带动门页运动，车门打开。开门过程中，上导轨限定了携门架滚轮的运动轨迹，使携门架带动门页作外摆和平移的合成运动，携门架与直线轴承铰接，直线轴承沿长导柱平移，长导柱固定在挂架上沿短导柱外摆。即上导轨为开门运动的导向装置，长、短导柱为执行装置。关门过程与开门过程原理相同。

4. 客室门相关操作

（1）紧急解锁装置

为了能够在紧急情况下在客室内能够解锁并打开门，在内侧墙上装有一把紧急解锁手柄。操作该手柄将会：通过牵拉绳索，车门将被解锁；如果车辆处于静止状态，可以手动开

门;如果车辆处于运动状态,电机将作用于关门方向300N,可持续5min的力以阻止门被打开,在列车出站60m内解锁车门会产生紧急制动。复位紧急手柄后,门会自动关闭并与其他车门状态保持一致。为了使工作人员在紧急情况下可以通过方孔钥匙从车外打开车门,列车还配备了两套紧急入口装置,紧急入口装置位于C车的1号门和2号门上。

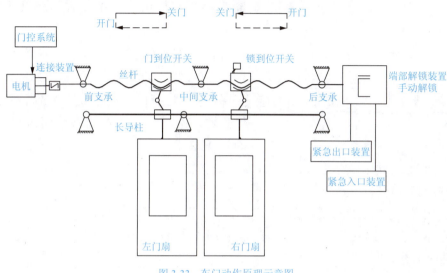

图3-33 车门动作原理示意图

(2)门切除开关

对关闭的门使用方孔钥匙操作门切除操作装置,触动切除开关,电子门控器会关闭门所有运动功能,保留故障诊断及通信功能,并使车门切除指示灯持续明亮。门切除开关作用当单个车门故障或车门安全回路中断时,用于切除车门电气且机械锁住,保证车门安全回路得电。

切除车门操作步骤:

①关闭车门:关闭车门前确认车门紧急解锁装置未拉下或已复位,确认车门卡槽无异物,用手将门合上至关闭状态。

②反推车门:用手反推两门页,确认车门无法打开。

③用方孔钥匙操作门切除开关:将切除开关打到垂直位,操作后确认门头切除开关指示红灯常亮。

(3)门控单元(EDCU)及功能

①车门控制单元方案采用两种不同型号的门控单元。一种型号的控制器装有2个MVB接口、1个CAN接口。MVB接口负责和车辆控制单元通信,CAN接口负责和LDCU通信。为备用起见,每一辆车装备有2个MVB接口的门控单元,此门控制单元标有"MDCU"字样(主门控单元)。另一种型号的控制器仅配备CAN接口,通过CAN总线与MDCU通信,此车门控制单元标有"LDCU"字样(辅门控单元)。门控单元安装在拐角顶板内的车体顶盖边梁的C型槽上。

②中央门控指令(如门开/关)由司机按门控按钮或 ATO 发出。此信号与 ATP 信号(如零速度)一起由列车硬连线传送至门控单元。若门安全回路(安全列车线)"所有门关闭"未闭合,即有一个或一个以上的门尚未关到位,联锁继电器会阻止牵引指令及气制动释放。

③每辆车门控单元网络见图 3-34,由 2 个主门控 MDCU 及 6 个辅门控 LDCU 组成。每个门的监控由门控器实现。每节车内 2 个 MDCU 与 MVB 相连,用于与列车控制系统进行数据交流(门控信号,状态信号,诊断信号)。每节车中车门之间的数据通信是通过 CAN 数据总线实现。车内所有门的状态信号、控制信号及故障信息通过本车门控 CAN 总线传到与 MVB 相连的 MDCU 上。

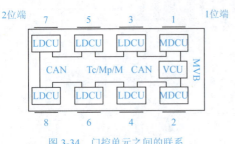

图 3-34 门控单元之间的联系

(4)车门信号传输及检测功能

①车门指令传输通道

车门的所有控制指令传输通道包括列车线或 MVB 网络控制,司机通过装载在司机室的开/关门按钮经过列车线(硬连线)或 MVB 网络直接向所有的车门门控单元(EDCU)发出开/关门指令。

司机可以通过选择"车门控制模式开关"来确定选用列车线指令还是 MVB 网络指令控制开关门。车门控制单元通过车门子系统冗余网络直接将单个车门状态信息、故障信息传送至 VCU 并在 HMI 上显示。

②障碍物检测功能

在门关闭过程中,门可能会碰到障碍物,这将阻碍门顺利地关上与锁闭。在这种情况下,门将进行持续 3 次关门尝试。当门在进行这些尝试的时候,橙色的状态指示灯将闪烁。当关门过程中遇到障碍物并且门持续进行了 3 次关门的尝试之后,门将完全打开,并保持在打开状态,在这段时间内,橙色的状态指示灯将保持点亮状态。该扇门的状态及位置将在司机显示屏上显示(门打开并且故障)。在这些情况下,司机室内再次给出关门的命令。如果还不行,手动将门关上并锁闭,并使用安装在右侧门扇上的门切除装置将门切除。

二、牵引和电制动

(一)牵引系统基本组成及工作原理

1. 概述

城市轨道交通车辆通过受电弓从接触网获得 DC1500V 电源,在高速断路器和过压保护电阻的保护下,通过牵引逆变器将 DC1500V 电源逆变为 AC380V 电源传送至牵引电机,从而驱动车轴,使车辆获得动力。

(1)主电路组成部分(图3-35)

①受电弓(安装在 Mp 车车顶)

②避雷器(安装在 Mp 车车顶)

③库用电源(安装在 Mp 车高压箱)

④辅助逆变器用熔断器(安装在 Mp 车高压箱)

⑤闸刀开关(从受电弓位转换到库用电源位,用于检修维护)(安装在 Mp 车高压箱)

⑥高速断路器(安装在 Mp 车高压箱)

⑦牵引逆变器(安装在 Mp、M 车车底)

⑧过压保护电阻(安装在 Mp、M 车车底)

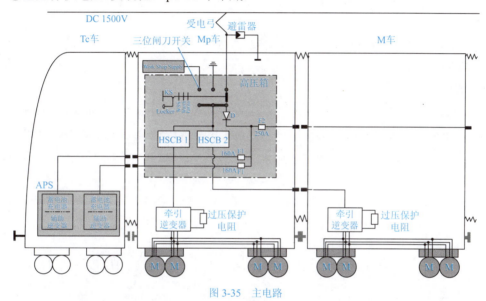

图 3-35 主电路

F- 保险丝(Fuse);HSCB- 高速断路器(High Spead Circuit Breaker);D- 二极管(Diode);KS- 闸刀开关(Knife Switch);M- 电动机(Motor);APS- 辅助电源(Auxiliary Power Supply)

(2)高压箱组成部分

高压箱由三位闸刀开关和高速断路器等设备组成。每个高压箱(HVB,High Voltage Box)中均装有一把三位闸刀开关(=31-A02-S01),使用该闸刀开关,可以切断连接特定的受电弓和相关高速断路器(HSCB)的电源。只有在 0V 状态下,才可以操作闸刀开关,所有的受电弓必须降弓,且必须预先检查闸刀开关是否为 0V 状态。三位闸刀开关可以设置成以下模式:

受电弓位:将牵引逆变器、辅助逆变器与受电弓连接起来。

接地位:将切断牵引逆变器、辅助逆变器与受电弓的回路,并将高速断路器部分回路与地连接起来。

车间电源位:将辅助逆变器与车间供电电源插座连接起来。

(3)高速断路器

高速断路器的作用主要用于接通、关断电源回路和保护牵引设备,它是将接触网高压电导通给牵引设备并对牵引逆变器进行保护的开关。在过电流、牵引逆变器故障或线路短路等严重扰动情况下,高速断路器(HSCB)会将牵引设备与架空线安全地断开。每节动车中的牵引逆变器均通过高速断路器连接至架空线。只要线电压存在(在司机显示屏上提示),且闸刀开关已被切换至"PANTO"(受电弓)挡位,即可使用司机台上的"HSCB 合"(高速断路器接通)(=21-S04)激活按钮来接通高速断路器。高速断路器控制信号传送至VCU,高速断路器的接通仅在被VCU允许时方可实现。一旦所有高速断路器均被接通,绿色的"HSCB 合"(高速断路器接通)(=21-S04)激活按钮将会点亮。反之,按下红色的"HSCB 分"(高速断路器断开)(=21-S03)激活按钮,将使所有高速断路器脱扣,而当所有高速断路器均已断开时,该按钮将点亮。此外,高速断路器脱扣可能由VCU、ICU乃至过电流或短路引起。

紧急牵引状态下,HSCB 启动按钮和其指示灯不亮,由VCU控制HSCB闭合。接地时禁止合高速断路器。

(4)受电弓

受电弓从接触网上集取电流,并传送到车辆电气系统应用于城市轨道交通车辆,通过支持绝缘子安装于车顶,并通过弓头上的碳滑板与供电网线接触,使车辆获得DC1500V电源。在"工作"位置上,受电弓在车顶的部分都处于带电状态,仅在对车顶的机械接口和气路接口处是电气绝缘的。

受电弓的组成(图3-36):底架、下臂杆、上框架、拉杆、电流连接组装、弓头悬挂装置、平衡杆、受电弓阻尼器、气阀箱装置、绝缘子、升弓气囊、降弓位置指示器。

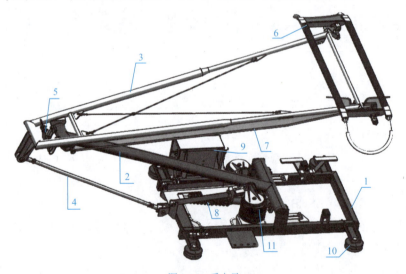

图3-36 受电弓

1-底架;2-下臂杆;3-上框架;4-拉杆;5-电流连接组装;6-弓头组装;7-平衡杆;
8-组尼器;9-气阀箱装置;10-绝缘子;11-升弓气囊

升弓动作原理:按压升弓按钮后升弓电磁阀得电,压缩空气进入气阀箱(空气过滤阀、单向节流阀、精密调压阀、安全阀、反向单向节流阀)后进入气囊升弓装置,气囊膨胀抬升带动钢丝绳拉拽下臂杆顺时针转动,上框架以拉杆为支点转动升起受电弓,弓头部分与网线接触并保持规定的静态接触压力。受电弓工作时,升弓气囊被持续供以压缩空气,弓头与接触网之间的接触压力保持基本恒定。

降弓动作原理:按下降弓按钮后升弓电磁阀失电,切断压缩空气,升弓电磁阀将受电弓气路与大气连通,压缩空气经原路返回,电磁阀排气后受电弓靠自重下降。

气路原理:U09在正常位置(垂直位),风源经升弓电磁阀经2路经过U09后往受电弓升弓装置的管路接通(1路将被关断)(图3-37)。U09在水平位,风源经1路经U09后往受电弓升弓装置的管路接通(2路将被关断)。

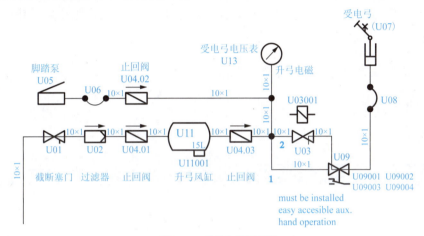

图3-37 升弓气路原理图

2. 牵引设备工作原理

(1)牵引箱

每节动车(Mp车、M车)上均配有一个牵引箱。牵引箱中的每台牵引逆变器会产生一个幅值和频率可变的三相交流电系统,以驱动动车转向架的牵引电机。牵引逆变器可以将架空线的直流电源输入转变为牵引驱动模式所需的三相交流电输出,也可以将牵引感应电机的动能转换为直流电,用于架空线的再生能量,实现车辆的再生制动。

(2)牵引电机

牵引电机经齿轮箱与动车(Mp车、M车)的驱动轮对机械连接。它们按照运行要求提供牵引力和制动力,以使车组加速或制动。每台动车转向架配有两台牵引电机。每台自通风型牵引电机由牵引逆变器提供的三相交流电源供电。在列车制动过程中,牵引电机则作为发电机,将列车的动能再生为电能,通过牵引逆变器逆变为直流电,用于架空线的再生能量。

(3)过压保护电阻

过压保护电阻的主要作用是对牵引逆变器进行过压保护,在牵引过程中,当接触网电压过高,超过了牵引逆变器允许的电压范围时,过压保护电阻将启动,进行过压斩波,使牵引逆变器处电压下降到正常范围;在电制动过程中,牵引逆变器可以将列车电制动时产生的能量反馈回供电系统,如果架空供电系统能够吸收此能量,此时电压升高达到设定值时将触发过压保护电阻进行过压斩波。因此过压保护电阻的主要作用就是进行牵引系统的过压保护。

(二)电制动作用原理

车辆具有电制动功能,电制动由动车(B、C车)牵引系统提供,列车仅包含再生制动而不设电阻制动,电制动由列车牵引控制单元按车控制,制动能量反馈给电网。若输出电压持续高于DC1980V,则断开高速断路器或线路接触器,再生制动的能力取决于电网条件。

车辆不设置制动电阻。地面制动电阻主要布置于变电站。当再生制动使制动能量反馈值超过电网承受能力时,反馈能量传送至地面制动电阻,制动电阻产生热量消耗部分能量,同时列车施加空气制动一同补充制动力。

(三)自动开关、旁路开关的名称及功能

1. 自动开关名称

A、B、C车自动开关见表3-9～表3-11。

A车自动开关　　　　　表3-9

编　号	名　称	编　号	名　称
=21-F101	受电弓控制	=46-F107	车载交换机
=22-F101	列车控制	=51-F101	外部照明
=27-F101	停放制动	=52-F101	司机室内部照明
=28-F101	智能阀	=52-F102	客室左侧照明
=28-F103	网管阀	=52-F103	客室右侧照明
=31-F101	辅助逆变器1	=61-F101	紧急通风
=31-F102	辅助逆变器2	=61-F102	空调控制
=41-F101	SKS	=72-F101	列车连挂
=41-F102	Reapter A	=73-F101	司机室辅助设备
=41-F103	Reapter B	=73-F102	玻璃加热
=41-F104	HMI	=73-F103	轮缘润滑
=41-F105	VCU	=73-F104	刮雨器
=42-F101	火灾报警	=81-F101	车门控制
=44-F101	无线电	=82-F101	门控单元1,2
=45-F101	ACSU	=82-F102	门控单元3,4
=45-F102	PACU	=82-F103	门控单元5,6
=45-F103	动态地图	=82-F104	门控单元7,8
=32-F05	永久负载	=84-F101	左门状态监控
=46-F101	网络媒体服务器	=84-F102	右门状态监控

续上表

编号	名称	编号	名称
=46-F102	LCD 播放控制器	=91-F101	ATC BAT1
=46-F103	无线网桥	=91-F102	ATC BAT2
备用	备用	=91-F103	ATC BAT3
=46-F105	LCD	=91-F104	ATC BAT4
=46-F106	司机室触摸屏	=91-F105	ATC BAT5
=31-X102	方便插座	=91-F106	ATC BAT6

B 车自动开关　　表 3-10

编号	名称	编号	名称
=21-F201	受电弓控制	=52-F202	客室左侧照明
=21-F202	HSCB 控制	=52-F203	客室右侧照明
=23-F201	ICU	=61-F201	紧急通风
=27-F201	停放制动	=61-F202	空调控制
=28-F201	智能阀 1	=82-F201	门控单元 1，2
=28-F202	智能阀 2	=82-F202	门控单元 3，4
=41-F201	SKS	=82-F203	门控单元 5，6
=41-F202	Reapter A	=82-F204	门控单元 7，8
=41-F203	Reapter B	=84-F201	左门状态监控
=42-F201	火灾报警	=84-F202	右门状态监控
=45-F202	PACU	备用	备用
=45-F203	动态地图	备用	备用
=46-F205	LCD	备用	备用

C 车自动开关　　表 3-11

编号	名称	编号	名称
=21-F302	HSCB 控制	=46-F307	车载交换机
=23-F301	ICU	=52-F302	客室左侧照明
=27-F301	停放制动	=52-F303	客室右侧照明
=28-F301	智能阀	=61-F301	紧急通风
=28-F303	网关阀	=61-F302	空调控制
=34-F302	压缩机控制	=72-F302	车端电气闭合
=41-F301	SKS	=82-F301	门控单元 1，2
=41-F302	Reapter A	=82-F302	门控单元 3，4
=41-F303	Reapter B	=82-F303	门控单元 5，6
=42-F301	火灾报警	=82-F304	门控单元 7，8
=45-F302	PACU	=84-F301	左门状态监控
=45-F303	动态地图	=84-F302	右门状态监控
=46-F305	LCD	备用	备用

2. 旁路开关名称及使用条件

（1）警惕按钮旁路(=22-S120)

当司机台上的警惕按钮发生故障不能正常工作时，将此旋钮打到合位，可以让列车实现警惕按钮的功能。

使用条件：列车产生紧急制动，检查微动开关、紧制按钮、主风压力等设备正常，报行调同意后使用。

（2）车钩监视旁路(=72-S107)

此旁路激活后，列车车钩监控回路设备不再检测车钩监控回路，当列车车钩监控回路故障时操作此旁路。若列车在运行的过程中，突然降弓、激活掉电并产生紧制，尝试重新激活列车，若成功继续运营到本站或下一站退出服务；若不成功则可能为车钩监控回路故障，报行调，经同意后使用。

（3）总风压力低旁路(=27-S03)

当总风压力检测电路故障时，检测总风压力过低（小于550kPa）导致的列车不能牵引，但实际风压正常。将此旋钮打到合位，可以重新实现牵引。

使用条件：从显示屏、气压表确认主风压力不低于550kPa，经行调同意后使用。

（4）停放缓解旁路(=27-S103)

由于列车停放制动检测回路故障，但停放制动实际已缓解，停放制动缓解灯不亮，导致列车不能牵引，将此旋钮打到合位，可以重新实现牵引。操作该旁路后，车辆将自动限速10km/h。

使用条件：从显示屏、气压表确认主风压力大于500kPa，从显示屏确认所有停放制动已缓解，经行调同意后使用。

（5）所有制动缓解旁路(=27-S104)

在某节车或列车的气制动检测电路故障时，必须尝试牵引缓解保压制动确认车辆显示屏所有气制动图标显示为缓解状态，经行调同意后在列车静止状态下使用。操作该旁路后，车辆将自动限速10km/h。

（6）无库用供电旁路(=31-S102)

当无库用电源供电继电器故障时，列车会封锁牵引指令，将此旋钮打到合位后可以正常行车。

（7）允许升弓旁路(=31-S103)

此旁路激活后，列车高压箱内闸刀位置检测行程开关故障后受电弓也能升起。当列车在正线运行停车后速度为0时列车两端受电弓自动降下，操作此旁路升起受电弓，只能在正线停车后速度为0时列车两端受电弓自动降下经行调同意后操作此旁路，其他时候严禁操作此旁路。

（8）门关好旁路(=81-S110)

在车门检测回路故障时且相应侧关门灯不亮时，司机必须现场确认所有车门机械锁好，车辆显示屏车门显示关闭状态或切除，经行调同意后使用。

(9)门零速旁路(=81-S115)

当列车发生零速继电器故障导致车门无法打开时,确认为零速继电器故障,经行调同意后使用。

三、制动系统

制动就是人为地使列车减速或阻止它加速的行为。为了施行制动而在地铁列车的动车和拖车上装设的由一整套零部件组成的装置,称为制动装置。城市轨道交通的站间距很短,一般都在 1.5km 左右,这要求其制动装置具有出操纵灵活、动作迅速、对标平稳准确、制动率及制动功率相对较大等特点。城市轨道交通的客流量波动大,空载时列车重量仅为自重,而满载时列车重量却很大。这就要求制动装置应在各种载荷工况下具备车辆制动力自动调整的性能,使车辆制动率基本不变,从而实现制动的准确性和停车的平稳性。城市轨道交通车辆在部分车辆,甚至全部车辆上具有独立的牵引电机,它具有电制动性能,需要与空气制动协调配合。

(一)制动概述

车辆配备有两套制动系统:电制动系统(ED 制动)、电空制动系统(EP 制动)。

车辆采用克诺尔公司研发的 EP2002 系统,是目前世界上集成度最高的电空制动控制模块,采用了先进的网络控制技术,使城市轨道交通列车的电制动、空气制动配合达到最优。

1. 制动的形式

(1)ED 制动

电制动由动车(MP、M 车)牵引系统提供,通过车辆控制单元(VCU)和动车逆变器控制单元(ICU)实现无级控制。电制动分为再生制动和电阻制动。再生制动时,制动能量反馈给电网,如果电网无法或只能吸收部分制动能量或者电网超压(1950V)时,那么,剩余能量将通过电阻制动吸收。

(2)EP 制动

空气制动微机控制单元(核心部件 EP2002 阀)控制空气制动。每个转向架空气制动由 EP2002 阀独立控制。紧急制动通过整合在 EP2002 系统上独立的紧急制动回路控制。

2. 制动的优先级

(1)制动优先级

制动优先级为:再生制动——电阻制动——空气制动。

(2)制动力分配原则

优先采用电制动,当电制动不能满足总制动力的要求时,不足部分由列车所有车辆的空气制动补足(空气制动优先 Tc 车)。

电空制动系统为模拟式单管直通摩擦制动系统,由各转向架上的踏面制动单元施加制动力。每个轴设有两个踏面制动单元,可以施加常用制动和停放制动,常用制动充气施加,排气缓解;停放制动充气缓解,排气施加。

(二)制动的特点及模式

1. 制动的特点

(1)防滑保护:电制动(ED)和电空制动(EP)采用各自独立的防滑系统。制动过程中当制动力大于黏着力时才会出现滑行。动车转向架电制动滑行保护作用时,仅由电制动纠正滑行。但当空气制动检测到该轴长时间滑行时(暂定 1s),发出电制动切除信号切除该车的电制动,空气制动补充,直到该次制动过程结束。

(2)冲击极限 $0.75m/s^3$:一般在城市轨道交通车辆的要求中体现,它的大小直接反映了乘客的乘坐舒适度。

(3)零速互锁:紧急制动时才会出现,一旦施加,必须等车停下来速度为 0 后,才能恢复。

2. 制动的模式

(1)常用制动

①最大常用制动平均减速度为 $1.0m/s^2$。

②常用制动是可恢复的制动。

③常用制动具有防滑保护和受冲击极限($0.75m/s^3$)。

④常用制动在正常运行状态使用,由司机将司控器手柄置制动位或 ATO 施加。

⑤常用制动时,电制动优先,空气制动根据减速要求提供剩余的减速力。

(2)紧急制动

①紧急制动采用失电 - 施加,其命令不可恢复,并予以零速互锁。当通过紧急制动按钮施加紧急制动时,受电弓降弓,高速断路器断开。紧急制动受防滑保护但不受冲击极限。

②紧急制动平均减速度设计为 $1.2m/s^2$,仅由空气制动完成。每种操作模式(自动和手动模式)总能施加紧急制动。

在下列任一情况下,将导致紧急制动施加:

a. 司机室中的警惕装置触发。

b. 按下司机室中的紧急停车按钮(蘑菇形按钮)。

c. 断开司机室钥匙。

d. 车与车之间在运行中脱钩。

e. 安全回路中断或失电。

f. 主风缸压力低于特定的安全值时。

g. 超速限制(88km/h)。

h. ATO 系统发出紧急制动指令。

i. ATP 系统发出列车超速紧急制动指令。

j. 当列车运行时,方向手柄拉至"0"位。

（3）快速制动

①快速制动设计以紧急制动减速度 $1.2m/s^2$ 制动而不断开安全回路。

②快速制动设计为紧急情况下的一种制动方式，快速制动不是紧急制动。

③当司机主控制器位于快速制动位时，列车施加快速制动。

④快速制动具有防滑保护，并受冲击极限。

⑤快速制动由电制动和电空制动产生。

⑥快速制动命令是可恢复的。

（4）停放制动

停放制动由弹簧施加，采用充气缓解，排气施加。停放制动一般在静止时采用，防止列车滚动。可保证 AW3 载荷的列车停在不超过 35‰ 的坡道上。停放制动由车辆控制电路控制并由控制系统监控。正常情况下，停放制动未缓解时，列车牵引封锁，无法动车。运行中检测到停放制动施加时，列车将封锁牵引。

（5）保压制动

①在制动速度小于 0.3km/h 时，保压制动被激活。

②有两种可能停车：

a. 电制动能够使制动列车接近停止，列车停车时，空气制动施加保压制动。

b. 电制动不能够使制动列车接近停止，空气制动力将更早的替代电制动力制停列车。保压制动由 VCU 产生，BCU 施加保压制动。

（三）供风装置构成及工作原理

供风装置安装在每个 M 车上，一列车有两套空气供给装置，当一套不能工作时，另一套空气供给装置也能提供足够的压缩空气保证列车的正常运营。该装置主要由 1 台通过 AC380V/50Hz 三相交流电机进行驱动的 VV120 型压缩机（A01.01）、软管（A01.02）、安全阀（A01.03）/（A01.11）、油过滤器（A01.05）、压力开关（A01.08）/（A01.09）和 LTZ015.OH 双塔空气干燥器（A01.04）等组成。

（1）工作原理

压缩空气供给装置设计的目的是为列车提供清洁干燥的压缩空气，由双塔空气干燥器和油过滤器完成，安全阀用于保护整个系统免于过压及损坏，压力开关用于压缩机的工作管理。主风管的作用是使所有的车都充满压缩空气。主风管主要向下列的系统提供干燥的压缩空气：

①制动系统。

②升弓装置。

③空气悬挂装置。

④车钩驱动装置。

（2）风压不足时的情况

压力开关（A01.08）（设定值为 700～900kPa）为硬线后备控制压缩机启动，当主风管压力低于700kPa时,压力开关动作,两台空压机启动,为全列车供风;压力开关(A01.09)(设定值为550～700kPa)为硬线触发紧急制动,当列车总风压力低于550kPa时,压力开关动作,紧急制动列车线失电,列车实施紧急制动,当主风管压力大于700kPa时恢复,当主风管压力小于600kPa时,列车将会牵引封锁。供风装置的工作原理见图3-38。

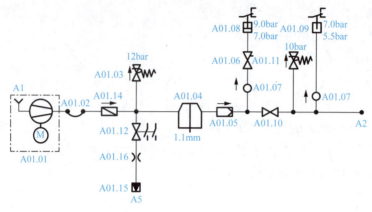

图3-38　供风装置的工作原理图

A01.01-压缩机组;A01.02-软管管路;A01.03-安全阀;A01.04-空气干燥设备;A01.05-精细滤油器;A01.06-直通塞门;A01.07-测试接头;A01.08-压力监控器;A01.09-压力监控器;A01.10-球阀;A01.11-安全阀;A01.12-带电子开关的直通塞门;A01.14-止回阀;A01.15-堵头;A01.16-喷嘴;A1-进气口;A2-排气口;A5-外部供风

(四)空气制动系统的组成及作用原理

1.空气制动系统的组成

空气制动系统主要由供风装置、制动控制装置、基础制动装置、WSP装置(车轮防滑保护装置)、空气悬挂装置、升弓装置、轮缘润滑装置和车钩操作装置组成,见表3-12。

空气制动系统组成　　表3-12

Tc 车	Mp 车	M 车
制动控制装置	制动控制装置	制动控制装置
基础制动装置	基础制动装置	基础制动装置
WSP 装置	WSP 装置	WSP 装置
空气悬挂装置	空气悬挂装置	空气悬挂装置
车钩操作装置	车钩操作装置	车钩操作装置
轮缘润滑装置	升弓装置	供风装置

(1)空气制动微机控制单元

空气制动微机控制单元采用EP2002系统。EP2002系统通过使用EP2002的两个核心产品——网关阀和智能阀来实现。列车拖车Tc及动车M各有一个EP2002网关阀(B06)和一个EP2002智能阀(B07),而动车Mp则有两个EP2002智能阀。每个阀都安装在车体边梁其控制的转向架附近,每个转向架一个阀。见图3-39。

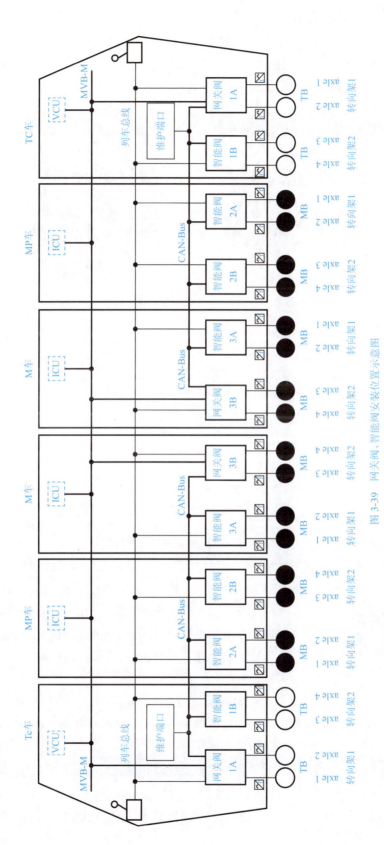

图 3-39 网关阀、智能阀安装位置示意图

VCU-车辆控制单元(Vehicle Control Unit);ICU-逆变器控制单元(Inverter Control Unit);MVB-多功能列车总线(Multifunction Vehicle Bus);TB-拖车转向架;MB-动车转向架

智能阀（图 3-40）提供其控制的转向架的常用制动、紧急制动和车轮防滑保护。网关阀（图 3-41）除了提供 EP2002 智能阀所具有的功能外，还提供制动管理功能以及与列车控制系统的接口功能。EP2002 系统集成到整个列车制动系统中的设计原理见图 3-42。

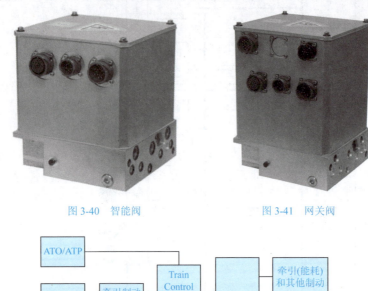

图 3-40　智能阀　　　　　　图 3-41　网关阀

图 3-42　EP2002 系统集成到整个列车制动系统中的设计原理

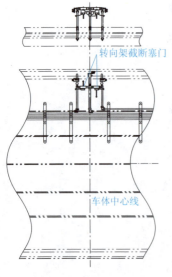

图 3-43　转向架截断塞门

（2）转向架截断塞门（B05）

制动风缸通过空气支路给安装在每个转向架附近的 EP2002 阀供气，见图 3-43。为了维护和隔离的目的，可使用安装在客室内座椅下的塞门［B05.01］及［B05.02］以转向架为单位来切除风缸到 EP2002 阀的气源。如果在正线运行需要操作该阀时，司机必须在获得许可的情况下才能进行操作。

B05 的作用：

①正常情况下，接通气制动管路，保证相应转向架气制动的施加与缓解。

②当气制动故障时，通过切除 B05 来使相应转向架的气制动缓解。

在所有负载情况下（AW0-AW3），当多个转向架截断

塞门关闭时,采用以下限速值:

①1个转向架截断塞门切除:列车限速 70km/h。

②2~3个转向架截断塞门切除:列车限速 60km/h。

③4~6个转向架截断塞门切除:列车限速 35km/h。

④紧急牵引下:紧急牵引情况下,列车限速 30km/h,禁止切除转向架。

(3)辅助控制单元(CUBE)

①辅助控制单元安装在每辆车1位端空气制动微机控制单元旁,起辅助控制作用,为悬挂系统及停放制动控制供风。见图3-44。

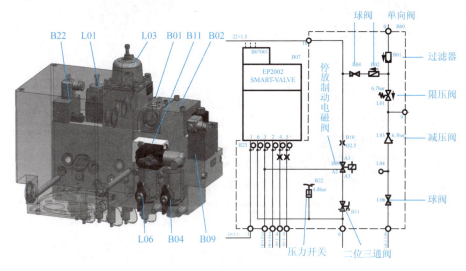

图 3-44　辅助控制单元及原理图

B01-过滤器;B02-单向阀;B04-球阀;B09-停放制动电磁阀;B11-二位通阀;B22-压力开关;L01-限压阀;L03-减压阀;L06-球阀

②来自总风管的压缩空气经过过滤器 B01 分别向单向阀 B02 和限压阀 L01 提供清洁空气。如果压缩空气达到限压阀 L01(670kPa)和减压阀 L03(630kPa)预设的工作压力,压缩空气可通过减压阀 L03 经球阀 L06 向悬挂系统供风。球阀 L06 可截断下游悬挂系统并排风。

③另外一路压缩空气从单向阀 B02 通过球阀 B04 和停放制动电磁阀 B09 经二位三通阀 B11 向停放制动缸供风。

④阀门 B11(图3-45)可用于切除停放制动缸的风源。

⑤阀门 L06 可用于切除悬挂系统风缸的风源。

⑥阀门 B04 可用于切除制动系统和停放制动的风源。(经阀门 B04 的压缩空气一路给制动风缸供风,另一路给停放制动缸供风。)

⑦压力开关 B22 用以监控停放制动缸的压力。(当停放制动缸压力小于 380kPa 时,停放制动自动施加;当停放制动缸压力大于 480kPa 时,停放制动缓解。)

⑧当球阀 B04 或二位三通阀 B11 被闭锁时,停放制动缸排气,此时停放制动施加。

⑨正常情况下可操作司机室按钮通过停放制动电磁阀 B09 来控制停放制动的施加与缓解。(入库后施加停放制动,关主控钥匙后,控制电路失电,电磁阀也会失电,停放制动缓解,此时紧急制动施加。列车采用的是电磁阀,如果是脉冲阀,则施加后,一个电信号一直保持,停放一直施加。)即便如此,入库后必须施加停放制动。

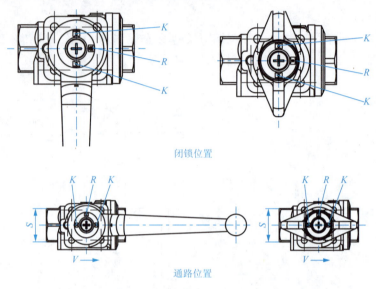

图 3-45　塞门导通/截止判断示意图

K- 气流方向标记点;R- 排风口标记点;S- 安装用扳手的开口宽度;V- 气流方向

(4)基础制动部分——C 组

①基础制动装置是空气制动系统的执行机构。基础制动装置包括作用于每根轴上的带停放制动的踏面制动单元和不带停放制动的踏面制动单元。

②踏面制动单元中的弹簧施加部分作为停放制动执行机构,可通过司机控制面板上的"停放制动"按钮(27-S01)进行停放制动的施加或缓解。同时,在车侧装有机械辅助缓解装置,当停放制动不能通过司机控制面板上的"停放制动按钮"缓解时,可通过该装置缓解停放制动,其在第一次充风后自动复位。

③为保证列车安全停放在 3.5% 坡度上,即使列车已经处于静止时,也仅允许限定数量的停放制动缸被手动缓解。限定情况如下:

a. 列车处于 AW0 负载状态:最多 5 个转向架停放制动缓解。

b. 列车处于 AW2 负载状态:最多 2 个转向架停放制动缓解。

c. 列车处于 AW3 负载状态:最多 1 个转向架停放制动缓解。

如果由于不可避免的原因必须超过以上限值,可通过保持制动或其他转向架的紧急制动在短时间内保持列车不滑动。如果不能保证长时间供风或足够的列车制动风缸压力,必须采用其他方法使列车处于停车状态(如轮轨间加止动靴等)。

④停放制动的缓解方法：

a. 正常情况下（风压大于 480kPa，电压大于 96V），通过司机室停放制动按钮自动缓解。

b. 当不能自动缓解时，先将 B11 关闭，然后通过转向架旁的停放制动手动缓解拉环缓解。

停放制动的手动缓解要特别注意：手动缓解前，必须确保辅助控制单元内的 B11 截断塞门已经关闭，停放制动缸内没有压力空气。否则，停放制动缓解不完全。

（5）空气悬挂装置——L 组

来自主风管的压力空气通过过滤器 B01 和限压阀 L01 进入悬挂风缸 L02，经过调整后压缩空气的压力调整到 670kPa。每个转向架装备两个空气弹簧风缸。一个转向架由两个高度阀控制，另一个转向架由一个高度阀控制，高度阀用于空气弹簧充风或排风的控制，根据载荷的变化来调节车体高度。为防止冲破空气弹簧风缸，安装两个高度阀的转向架通过内部连接的差压阀 L08 来平衡压力空气（事先设定的压力范围为 150kPa）。另外两个空气弹簧风缸通过钢管来进行内部连接。见图 3-46。

每个空气弹簧风缸的压力由 EP2002 阀进行监测，相应的列车载荷压力也是由 EP2002 阀进行测量，并为空气制动系统提供相应的载荷信号。储风装置见图 3-47。

2. 空气制动系统原理图

（1）压缩空气供给装置（A 组）

该组设备负责为列车提供并储存充足、干燥、洁净、压力合适的压缩空气，主要包括电动压缩机组、空气干燥器、总风缸等。

（2）制动控制装置（B 组）

由 1 个模拟的单通道摩擦制动系统构成，其核心部件是 EP2002 网关阀和智能阀，包含了制动控制和车轮防滑系统两大主要微机控制功能，其余控制散件主要集中在辅助控制模块（CUBE）中。

（3）基础制动装置（C 组）

安装在转向架上的制动设备主要是两种单元制动器，其中一种带停放制动功能。两种单元制动器数量相等，每轴安装一个带停放功能的单元制动器，在转向架内部斜对称布置。

（4）车轮防滑装置（G 组）

车轮防滑设备主要是转向架上安装在轴箱外侧的车轴速度传感器等信号采集设备。

（5）空气悬挂装置（L 组）

该组设备用于控制车辆地板在设定的高度，使之不随荷载变化而变化，采用三点调平式。

（6）升弓装置（U 组）

该组设备为了满足气动升弓需要，它包括一个脚踏泵、电磁阀以及操作所需的辅助装置。

（7）轮缘润滑装置（V 组）

本系统仅提供风源接口。

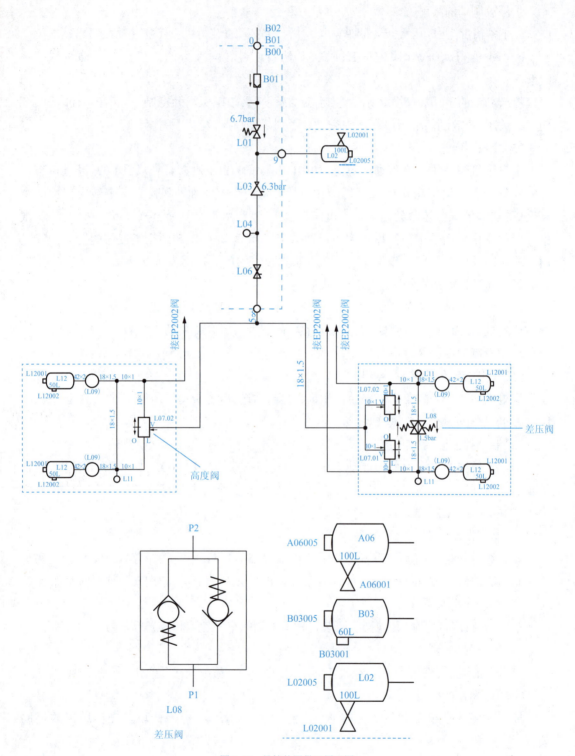

图 3-46 悬挂装置供风原理图

A06- 主风缸；L02- 悬挂风缸；B03- 制动风缸；L12- 空气弹簧风缸

(8)车钩操作装置(W组)

该组设备主要用于方便车辆之间的连挂和解编工作,包括电磁解钩阀、手动解钩阀、解钩软管和塞门等。

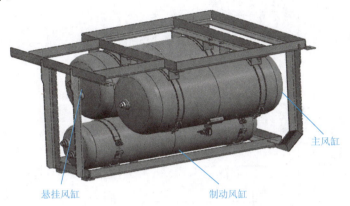

图 3-47 储风装置

四、辅助系统

(一)辅助系统组成及原理

1. 概述

列车辅助系统主要为列车低压系统供电,供电采用集中布置、集中供电方式,每个 Tc 车布置一个辅助逆变器箱,每个辅助逆变器箱中集成有两套辅助逆变器 DC/AC 和两套 DC/DC,其作用为列车提供 3AC 380V 电源和 DC110V 电源。

(1)辅助系统高压侧供电

①列车辅助系统高压侧供电由一条 DC1500V 列车线提供,并用二极管与外电路隔开;当一个受电弓降弓时,另一个受电弓可以为整列车辅助系统提供 DC1500V 电源。

②每个辅助逆变器箱中安装两台容量均为 110KVA 辅助逆变器同步向三相交流母线供电,且分别带有蓄电池充电机。每个辅助逆变器通过一个安装在高压箱内 160A 的熔断器进行输入保护。

③列车辅助系统高压配电原理见图 3-48。

(2)闸刀开关

①辅助系统设有车间电源插座,在任何情况下辅助系统能通过受电弓或车间电源受电,且受电弓 DC1500V 与车间电源 DC1500V 之间相互联锁。见表 3-13。

②正常情况下,辅助逆变器从接触网获得 DC1500V 的电能。另外有一个安装在 Mp 车高压箱外侧墙上的库用电源插座,通过此插座辅助逆变器也可获得 DC1500V 高压电,供车辆维修和库内调试。

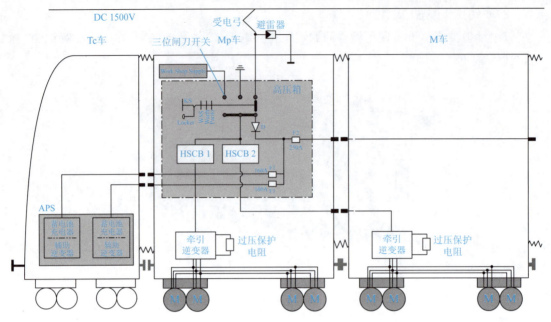

图 3-48 辅助系统高压配电原理图

F- 保险丝（Fuse）；HSCB- 高速断路器（High Spead Circuit Breaker）；D- 二极管（Diode）；KS- 闸刀开关（Knife Switch）；M- 电动机（Motor）；APS- 辅助电源（Auxiliary Power Supply）

三位闸刀开关接入电路一览表　　　　表 3-13

功　能	被接入的电路	未被接入的电路
受电弓位（运行）	受电弓 牵引逆变器系统 辅助供电系统	车间电源
库用位（车间）	车间电源 辅助供电系统	受电弓 牵引逆变器系统
接地位	接地	受电弓 辅助供电系统 牵引逆变器系统 车间电源

③闸刀开关有 3 个操作位，受电弓位（运行）、库用位（车间）及接地位。

（3）辅助逆变器

①辅助逆变器通过 DC/AC 将 DC1500V 电源逆变为 AC380V 供给空压机、空调等交流负载，并可以通过 DC/DC 将 DC1500V 降压为 DC110V 供给蓄电池充电和直流控制电路。全列车 4 台辅助逆变器负责提供：为全列车上所有三相交流负载提供 3AC 380V 50Hz 的电源，总功率为 $4 \times 110\text{kVA} = 440\text{kVA}$。

②其中每个 Tc 车的辅助逆变器都带有 DC/DC 变换器，并为 DC110V 负载供电，其中 1 个 DC/DC 变换器为蓄电池提供 1 个 DC110V 的充电电源。整列车充电机总功率为 $4 \times$

12kW=48kW。

③全列车 4 台辅助逆变器并联向贯穿全列车的 3AC 380V 交流母线供电,列车上所有交流负载都从贯穿列车的交流母线得到电源。

④列车辅助系统配电原理见图 3-49。

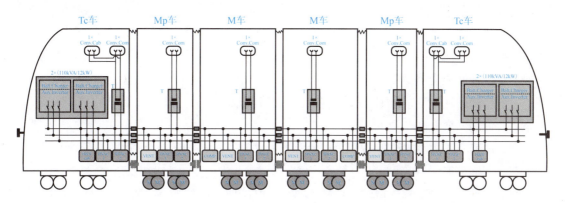

图 3-49　辅助系统低压配电原理图

COMP- 空气压缩机;T-AC380V/220V 变压器;Conv·Com- 方便插座;H&V cab- 司机室采暖和通风;

VENT- 通风设备;HVAC- 采暖通风空调;Conv·Cab- 司机室方便插座

2. 交流电源

AC 380V 电源分配:辅助逆变器的负载分配考虑了负载的均衡性和辅助逆变器故障情况下重要负载的供电保证措施。380V 交流负载均由辅助逆变器供电。

①设备通风(牵引箱风机)。

②空气压缩。

③空调。

④司机室通风设备。

⑤足部取暖器(将 AC380V 降压为 AC220V 后为足部取暖器供电)。

⑥方便插座(司机室和每个客室各 1 个,通过安装于低压箱的 380V/220V 变压器为方便插座提供 220V 电源)。

3. 直流供电

(1)DC110V 电源分配

正常情况下,直流负载是通过辅助逆变器上的 DC/DC 变流器进行供电,紧急情况下(列车没有 1500V 输入或 3 台 DC/DC 变流器故障),则通过安装在 Tc 车上的蓄电池对紧急负载进行供电。2 组蓄电池之间通过二极管进行相互隔离。

(2)110V 直流负载

①直流负载主要分为:永久负载、电池负载和紧急负载。

②永久负载:为了通过司机室内 1 个开关激活列车,因此即使列车在没有激活的状态下,永久负载列车线必须一直有电。

③列车激活回路;列车激活监控环路。

④电池负载:除了永久负载外的列车上的普通负载。

⑤紧急负载:当列车失去 DC1500V 电源时,蓄电池能供应列车紧急负载至少工作 45 分钟。

4. 辅助系统故障现象及处理

(1)辅助逆变器故障

辅助逆变器发生故障时,故障逆变器将通过切断相应的输出接触器来使故障逆变器与列车三相母线隔离。

① 1 台辅助逆变器故障

当 1 台辅助逆变器故障时,不许切除任何交流负载。

② 2 台辅助逆变器故障

当 2 台辅助逆变器故障时,VCU 负载管理单元将切除每个车一半的空调,保留全部通风。

③ 3 台辅助逆变器故障

当 3 台辅助逆变器发生故障时,VCU 负载管理单元将切除全部空调,保留全部通风。

(2)DC/DC 变换器故障

①1～2 台 DC/DC 变换器故障

当 1～2 台 DC/DC 变换器故障时,整个系统由另外 2 台正常的 DC/DC 供电,系统将不切除任何 110V 直流负载。

②3～4 台 DC/DC 变换器故障

当 3～4 台 DC/DC 变换器故障时,VCU 将切除所有的 DC/DC 变换器,由蓄电池进行供电,并切除相应的直流负载,转入紧急负载供电。

(3)紧急负载主要包括:

①全部紧急照明。

②全部客室内、外部指示灯。

③全部头灯和尾灯。

④司机室照明。

⑤客室和司机室的紧急通风。

⑥左右开关门至少各 1 次。

⑦所有与安全有关的控制系统。

⑧列车通信及广播系统。

⑨乘客信息及视频监控系统(不含 LCD 显示屏)。

⑩列车无线通信设备。

第四章　信号通信系统

> **岗位应知应会**
>
> 1. 了解 ATC 系统介绍及 CBTC 移动闭塞系统。
> 2. 熟练掌握测速形式、无线通信技术形式、轨旁及车载信号设备和联锁系统的相关知识，不同信号级别下的驾驶模式。
> 3. 精通掌握列车定位原理、车载台及手持台和 400M 的使用方法。
>
> **重难点**
>
> 重点：不同信号级别下的驾驶模式，系统控制级别，联锁子系统，列车定位方式、车载台及手持台和 400M 的使用方法。
>
> 难点：ATC—列车自动控制系统，移动闭塞原理，无线通信技术形式、轨旁及车载信号设备。

　　城市轨道交通信号系统是城市轨道交通的重要基础设施之一，是确保列车运行安全和提高行车效率的保障。城市轨道交通列车运行速度低，但运行密度大，站间距离短，因此要求列车自动控制系统（ATC）系统具有智能化、数字化、模块化等特点。列车自动控制系统（ATC）包括列车自动驾驶（ATO）、列车自动防护（ATP）、列车自动监控（ATS）、计算机联锁（CI）4 个子系统，通过通信网络实现地面控制与车上控制、本地控制与中央控制结合。城市轨道交通通信系统为传输服务、给旅客提供信息、保证车站与控制中心的网络正常运行，并对各个子系统内的故障进行自检和报警，确保整个通信系统可靠运行。

一、列车 ATC 介绍

　　信号是用特定的物体（包括灯）的颜色、形状、位置，或用仪表和音响设备等向行车人员传达有关机车车辆运行条件、行车设备状态以及行车的指示和命令等信息。它是列车运行及调车作业的命令，有关人员必须严格执行。由于信号的基本作用的重要性是客观存在的，所以它已经深入渗透到所有交通运输的行业中，没有信号作为相关的指示和命令，任何交通工具都无法在现代社会现实中实现其功能。从我们日常生活中经常遇到的，如地面道路交通、城市轨道交通运输都必须要有统一规范的行业内公认的信号来确保运转安全和保证它运输能力的发挥。甚至都必须用标准的规范和命令来实现功能，要有相关的命令和标准规范的制约才能实现信息的快速传输。所以，信号是实现和保障轨道交通运输运行的最重要工具与手段。信号的首要任务是保证行车安全——核心是"故障—安全"（故障导向安全：当信号设备发生故障时,应以特殊的方式做出反应并导向安全）。它将线路上运行的列车安全地分隔开来,并不断向快速、准时、舒适、节能的方向发展。

（一）ATC——列车自动控制系统（Automatic Train Control）

系统自动控制列车的运行,保证列车的运行安全,指挥行车;它必须包括ATP、ATO、ATS子系统。

（二）ATP——列车自动防护（Automatic Train Protection）

系统通过对列车运行方向、间隔等的控制,并与联锁相配合,以"故障—安全"的原则防止列车冲突、超速以及其他任何危险情况。

（三）ATO——列车自动运行（Automatic Train Operation）

系统执行列车的速度调整、程序停车、车门控制、运行等级调整等非必要司机执行的功能。

（四）ATS——列车自动监督（Automatic Train Supervision）

系统监督列车,根据时刻表调整列车运行,并提供数据和调整服务以减小由于非规律的运行给运营服务带来的不便。

二、CBTC移动闭塞系统

（一）基于无线通信的移动闭塞列车控制系统（CBTC）

移动闭塞指利用高精度的列车定位（不依赖于轨道电路）,双向连续、大容量的车—地数据通信以及车载、轨旁的安全功能处理器实现的一种连续自动列车控制系统（以郑州市轨道交通1号线为例）。基于无线通信的移动闭塞列车控制系统（CBTC）特点：
(1)不依赖于轨道电路的列车定位技术；
(2)连续的、大容量的列车——轨旁双向数据通信技术。

（二）移动闭塞

移动闭塞是相对于固定闭塞而言的。固定闭塞是在区间设置固定的闭塞分区和相应的防护信号,以轨道区段对列车进行定位和追踪;移动闭塞防护列车运行安全的闭塞分区是移动的,随着后续列车和前方列车的实际行车速度、位置、载重量、制动能力、区间的坡度、弯道等列车参数和线路参数的变化而改变,随着列车运行而移动,速度曲线见图4-1;准移动闭塞依靠车载设备并配合地面设备对列车进行精确定位,列车之间的安全间隔是根据前车的位置,按后续列车在当前速度下的所需制动距离、加上安全裕量计算和控制的,确保不追尾。固定闭塞、准移动闭塞和移动闭塞性能比较见图4-2。

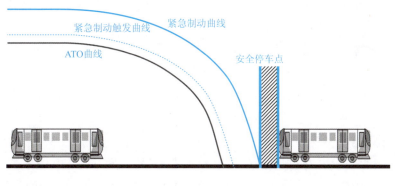

图4-1　速度曲线

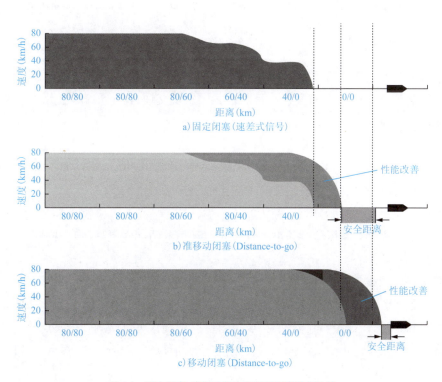

图4-2　固定闭塞、准移动闭塞和移动闭塞性能比较

三、CBTC（移动闭塞）技术基础

（一）测速形式及分类

列车速度信息在ATC系统中具有重要的地位,几乎所有ATC功能的实现都需要列车

速度信息的支撑。常用的测速方法有以下几种：

1. 测速发电机

测速发电机安装在车轮外侧，发电机所产生交流电压的频率与列车速度成正比，它的输出能表征转速，因而可用来测量转速。

2. 速度传感器

它的基本原理是对车轮旋转计数，因此需在车轴上安装信号发生器，车轮每转一周，发生器输出一定数量的脉冲或方波，对信号发生器输出的脉冲计数，即可得出列车的运行速度。

3. 多普勒雷达

该方法利用多普勒效应测量列车的运行速度。在车头位置安装多普勒雷达，雷达向地面发送一定频率的信号，由于列车的运动会产生多普勒效应，所以检测到的信号频率与发射的信号频率是不完全相同的，通过检测两个信号之间的频率差就可以获取列车的运行速度。

（二）列车定位方式

城市轨道交通列车运行密度高、站间距离短、安全性要求高，列车控制系统及列车本身需要实时了解列车在线路中的位置。目前在各国轨道交通 ATC 系统中使用的列车定位方式主要有以下几种。

1. 轨道电路定位

轨道电路是最简单的列车定位设备，它的定位精度取决于轨道电路的长度，利用数字轨道电路对列车定位是目前城市轨道交通中应用最为普遍的技术手段。

2. 计轴区段定位

定位精度取决于计轴区段的长度。优点是对环境的适应性更高，维修量较小；但不能作为车 - 地通信的通道。

3. 交叉感应回线

在钢轨之间敷设交叉感应回线，一条线固定在轨道中央的道床上，另外一条固定在钢轨颈部下方，它们每隔一定距离作交叉。列车经过交叉点时，可以检测到交叉点前后环线的信号相位发生了变化。由于交叉点间的跨度是固定的，所以每经过一个交叉点，就可以修正一次位置，达到精确定位列车的目的。

4. 测速定位

测速定位就是通过不断测量列车的即时运行速度，对列车的即时速度进行积分（或求和）的方法得到列车的运行距离。由于测速定位获取列车位置的方法是对列车运行速度进行积分，故其误差是累计的。另外，测速定位总体来说属于相对定位，无法获取列车的绝对位置，通常与查询 - 应答器定位结合使用。

5. 查询 - 应答器定位

查询 - 应答器定位是广泛采用的列车定位方式，它可以在设备查询 - 应答器的相应点给出列车在线路上的绝对位置。

查询应答器是一种基于电磁耦合原理而构成的高速点式数据传输设备,是 ATP 系统的关键部件,用于在特定地点实现地 - 车间的数据通行。查询应答器系统包括地面设备和车载设备。地面设备主要包括地面应答器,车载设备包括车载查询器和查询器天线。

地面应答器包含特定的信息,放置在轨道中间。当机车经过地面应答器时,通过无线射频激活应答器,激活后发射预置数据。按照供电来源可分为有源和无源应答器 2 种。见图 4-3、图 4-4。

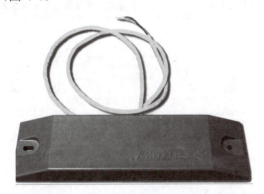

图 4-3　无源应答器　　　　　　　　图 4-4　有源应答器

车载查询器天线安装于机车底部,距轨面约 300mm,能够发送和接受射频信号。

另外几种已经应用的定位方法有 GPS 列车定位、无线扩频列车定位、航位推算系统定位等。

(三)无线通信技术形式分类

现在 CBTC 系统中均采用双向无线通信作为车 - 地连续式通信方式。按照无线信号的传输媒介主要有如下几类:

1. 无线移动通信方式

无线信号基于无线空间自由传输。地面段轨旁无线 AP 安装见图 4-5。

图 4-5　地面段轨旁无线 AP 安装

2. 漏泄电缆方式

这种电缆是在同轴管外导体上开设一系列的槽孔或隙缝,使电缆中传输的电磁波的部分能量从槽孔中漏泄到沿线空间,场强衰减较均匀而无起伏,易为接收设备所接收。见图 4-6。

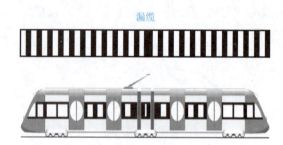

图 4-6　漏缆

3. 漏泄波导方式

漏泄波导采用一种长方形铝合金材料,在其表面每隔一段距离(约 6cm)刻有一条宽 2mm,长 3cm 裂缝,能让无线信号从裂缝中向外漏泄出来。

(四)轨旁及车载信号设备

1. 区域控制器 ZC(轨旁信号设备)

区域控制器 ZC 主要由 3 取 2 冗余结构的轨旁分布式区域控制器 ZC、车载控制器 CC 组成。区域控制器 ZC 最多可以同时控制 40 辆列车。

2. 车载控制器 CC(车载信号设备)

车载设备主要包括:车载控制器 CC,速度传感器(测速电机),加速度计,应答读取器天线,TOD,MR 和天线。见图 4-7。

(五)联锁子系统

(1)联锁即是将信号、道岔和轨道区段通过预定义的安全关系或逻辑关联在一起,并将敌对的信号锁在未开放的状态,是故障-安全系统的核心和基础。联锁的最终目的是为了安全地开放信号,保障行车安全。可通过 ATS 或 LCW 本地控制设置和取消联锁进路。在 CBTC、点式 ATP 和联锁 3 种信号系统控制模式下联锁的技术条件(包括进路建立、锁闭、解锁检查的基本条件)相同,联锁功能通过列车位置数据来实现。联锁与 ZC、CC 关系见图 4-8。

(2)CBTC 列车位置来自相应的区域控制器,每辆列车的位置都被传送给区域控制器。区域控制器给联锁的列车占用信息可覆盖计轴区段,从而计轴故障时不影响联锁的进路办理和取消。CBTC 模式下运行的列车前方信号机灭灯。

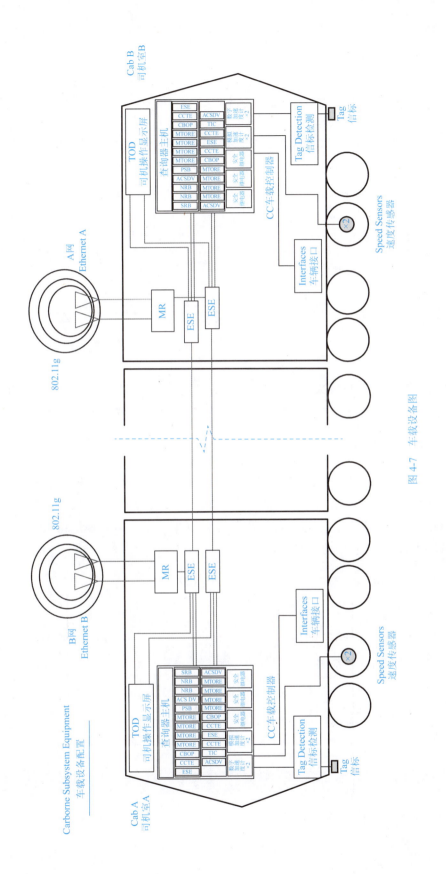

图 4-7 车载设备图

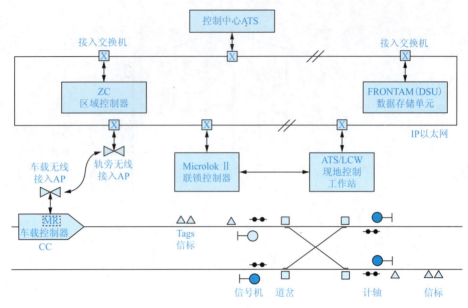

图 4-8 联锁与 ZC、CC 关系

(3) 非 CBTC 列车位置来自计轴设备,区域控制器和联锁控制器控制非 CBTC 列车前方轨旁信号机点灯,允许 CBTC 列车和非 CBTC 列车在同一系统中安全地运行。

(六) 系统控制级别

(1) CBTC——完整的系统操作和性能。要求所有列车控制子系统,包括轨旁、中央、车载和通信子系统,都完备并工作;并提供移动闭塞安全列车间隔和保护,全功能的车载 ATP/ATO;而且支持所定义的 ATC 驾驶模式,自动列车运行(ATO)模式和 ATP 监控下人工驾驶(ATP)模式。3 个控制级别见图 4-9。

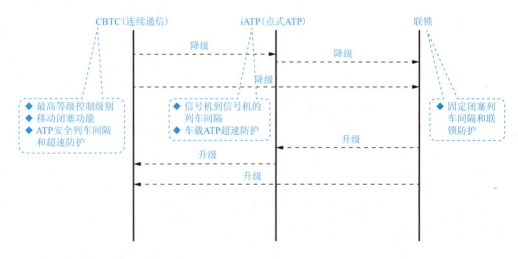

图 4-9 系统具有 3 个控制级别:CBTC,点式 ATP 和联锁

（2）点式 ATP——降级的系统操作和性能。提供正方向的车载超速防护，信号灯冒进防护和 240s 的最小运行间隔。点式 ATP 要求车载 ATP（包括所有的传感器）都在工作，并且轨旁联锁控制系统（MicroLok 和计轴设备）和定位信标（包括动态和静态信标）也工作。区域控制器，DCS（骨干网除外）设备不需要工作。点式 ATP 提供单一的操作模式。点式 ATP 基本原理见图 4-10。

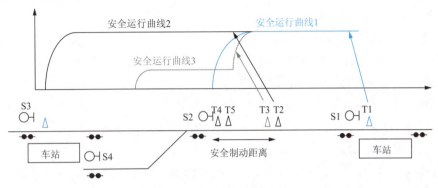

图 4-10　点式 ATP 基本原理

（3）联锁控制——最低等级的系统操作和性能。联锁控制提供固定闭塞列车间隔和联锁防护。不提供其他的 ATC 功能，提供 ATP25km/h 限速。除联锁外，不需要其他 ATC 子系统存在或工作。

（4）移动闭塞即最高等级的运行模式，要求轨旁 ZC、车载 CC、地面应答器、联锁、DCS 有线和无线通信全部工作。CBTC 系统列车追踪原理见图 4-11。

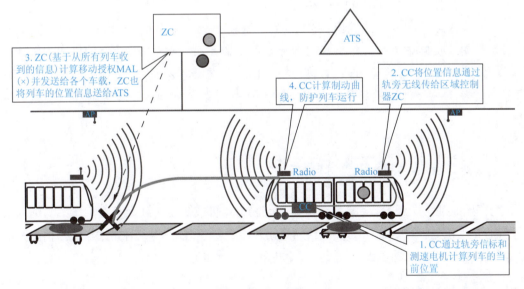

图 4-11　CBTC 系统列车追踪原理

（5）列车如何定位：列车顺序通过连续的、至少间隔 34m 的、无岔区段上的两个静态信标完成列车的初始化定位。定位过程不依靠车地无线通信、ZC 以及联锁子系统。

（6）CBTC列车位置来自相应的区域控制器,区域控制器给联锁的列车占用信息可覆盖计轴区段,从而计轴故障时不影响联锁的进路办理和取消。

（7）非CBTC（包括IATPM,RM,NRM）列车位置来自计轴设备,区域控制器和联锁控制器控制非CBTC列车前方轨旁信号机点灯,允许CBTC列车和非CBTC列车在同一系统中安全地运行。

（8）在不同信号级别下6种驾驶模式。

① CBTC信号级别：ATO=自动驾驶模式

列车在车载信号的防护下自动运行,实现ATP和ATO的所有功能,司机只需操作的是按ATO发车按钮,或人工干预开/关门。

② CBTC信号级别：ATP=ATP列车人工驾驶模式

司机根据TOD上显示的推荐速度信息,在ATP防护下驾驶列车。

③ CBTC信号级别：ATB=自动折返模式

在自动折返操作过程中,车载CC负责安全和自动运行,无须司机任何干涉,列车自动进行折返作业,列车进出折返线操作权均在进折返线端司机室,（列车牵引进折返线后自动推进至站台）折返完成后车载CC将列车操纵权自动换端至出折返端车载CC。

④ 点式ATP级别：IATP=点式列车驾驶模式（IATP）

司机凭地面信号显示及来自信号屏（TOD）信息的推荐速度来驾驶列车。

⑤ 联锁级别：RM=限制人工驾驶模式

列车司机凭地面信号显示运行并不能超过25km/h。

⑥ 联锁级别：NRM=非限制人工模式

所有车载信号控制器的输出被旁路,列车驾驶不受信号保护,完全由司机负责,必须汇报行车调度员同意方可凭地面信号显示运行。因不受信号控制,此驾驶模式须限速运行,且必须密切注意信号机、道岔、进路状态,防止行车要素不具备,造成冒进信号、挤岔、列车冲突等事故事件发生。列车转到NRM模式运营前,必须停车,否则会施加紧急制动（EB）。

四、列车无线通信车载台概述

列车无线通信车载台,主要作用是便于电客车司机或其他工作人员在列车上与地面人员（如行车调度、检修人员等相关人员）的通信和沟通,车载台作为一种常用车载通信工具与电客车司机行车工作密切相关。

（一）车载台组成

车载台由两个部分组成：车载台主机和车载台控制盒,这两个部分的连接关系见图4-12。车载台控制盒前视图见图4-13,车载台前面板组成见表4-1。

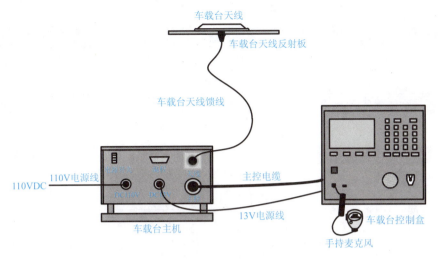

图 4-12 车载台连接图

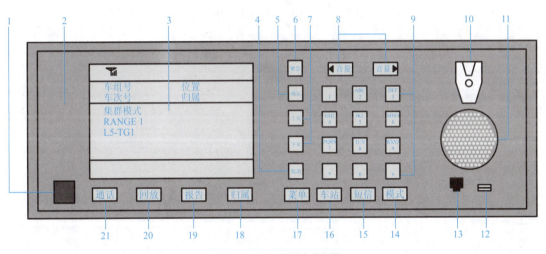

图 4-13 车载台控制盒前视图

车载台前面板组成表　　　　　　　　　　　　表 4-1

号码	描述
1	电源开关,用于车载台控制盒的开关
2	LED 指示灯,指示车载台的当前工作状态
3	液晶显示屏,整个显示屏分为 4 个显示区,从上到下依次为:图标区、固定(列车信息)信息显示区、主显示区和提示信息显示区
4	取消键
5	确认键
6	紧急键:长按使车载台进入紧急模式
7	上页键、下页键:用于在当前操作界面滚动
8	音量调节键

续上表

号　码	描　述
9	数字键盘:包括数字键、字母键、*键和#键
10	扬声器
11	麦克风挂架
12	USB数据导出口,用于导出录音文件以及操作日志文件
13	手持麦克风插口
14	模式键:按该键用于车载台在组呼模式、个呼模式、电话模式之间切换
15	短信键:按该键可以浏览收件箱
16	车站
17	菜单键:按该键可以进入菜单选项,在菜单选项界面按该键可以在菜单选项之间滚动
18	归属键:用于请求转到相应的调度归属
19	报告键:用于报告列车当前状态,可选状态包括信号故障和列车故障
20	回放键:用于快速回放最近一次录音
21	通话键:用于发送通话请求给调度

(二)车载台的各种功能及其使用

(1) 开机

首先打开车载台主机的电源开关,然后按下前面板上的电源按钮,车载台将执行开机自检和系统登录。车载台成功登录之后,车载台将进入工作状态。正常的工作状态包括:车载台工作模式为集群模式,处在系统信号覆盖区范围内,所处通话组正确等。车载台开机画面见图4-14。

(2) 关机

如果车载台当前处于开机状态,按一下车载台前面板上的电源开关,电源开关将会弹起,电源开关按键支持延时关机功能,车载台将会在3s后关闭,如果此期间再按下电源开关,关机操作将取消。

(3) 呼叫模式

呼叫模式顺序:车载台呼叫→车载台群呼→车载台单呼→车载台紧急呼叫。

车载台呼叫:按压"呼叫请求",等待调度工作人员接通后,对方接听后,按住PTT,等待通话允许音,然后讲话,释放PTT接听。

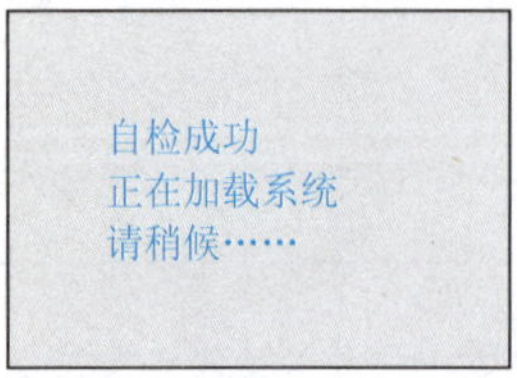

车载台群呼:如果当前集群组为所需呼叫的通话组,请按住PTT,等听到通话允许音后,再对麦克风讲话即可,松开PTT接听组中其他成员的说话。

车载台单呼:按模式键,直到"个呼模式"显示在屏幕上。通过键盘输入要呼叫的个呼号码。按下确认键后,车载台将向对方

```
自检成功
正在加载系统
请稍候……
```

图4-14　车载台开机画面

发起呼叫,等待被叫方应答呼叫。对方接听后,即可和对方进行通话。按"取消"键结束通话。如果被叫方结束了通话,"结束通话"信息将被显示。

车载台紧急呼叫:按住"紧急"键3s,就可以从任何其他模式进入紧急模式。在紧急模式下发起呼叫:按住PTT,等待通话允许音,然后开始讲话,松开PTT即可接听。要退出紧急模式,按住"取消"键3s,即可结束紧急呼叫。

五、无线通信设备便携台

(一)手持台

手持台是轨道交通行车工作中必不可少行车设备,作为无线集群通信的手持通信终端,手持台具有很大的操作灵活性,在行车中一般作为车载台的备用通信工具,以保证行车工作通信畅通。以下手持台以TETRA数字集群手机THR880i Light RC8作介绍,采用了独一无二的双面设计,使得专业用户能够方便地选择通信方式:一面用于电话呼叫,数据信息收发及菜单接入;另一面用于指挥调度,专为群组通信而优化设计。具备多种图标显示,非常便于信息的接入和读取。

1. 手持台(800M)功能介绍

支持群组通信功能,支持1300个通话组,而且可以根据服务区或种类及性质等的不同,分类存放于不同的"文件夹"。最多可以支持200个动态重组DGNA组。全新设计的旋转式通话组选择器,可以方便而快捷地进行通话组的选择及更换。

2.TETRA数字集群手机功能按键说明(图4-15、图4-16)

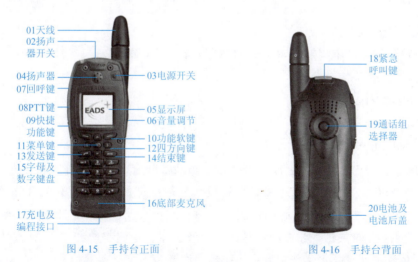

图4-15 手持台正面　　图4-16 手持台背面

(1)开关机

长按03电源开关键开机,开机后长按03电源开关键关机。

(2)通话组切换

方法 1：使用旋转旋钮（19 通话组选择器，见图 4-16）。

初始屏幕状态下，短按旋钮，旋转旋钮，可逐个切换通话组。

方法 2：使用四方向键（12 号键，见图 4-15）。

初始屏幕状态下，按上下键滚动，直到出现所需的通话组，按"选择"键（菜单键，见图 4-15）确认，或按 PTT 键确认并直接发起呼叫。

(3)发起群组呼叫

初始屏幕状态下，按住 PTT 键，听到通话允许音后对麦克风讲话，松开 PTT 键接听。如需挂断当前呼叫，按 14 结束键。

(4)模式切换

数字集群系统故障时，可使用直通模式进行通信。在屏幕初始状态下，按"菜单键 > 功能表 > 设置 > 手机设置 -> 直通模式设置"，可从集群模式切换至直通模式。直通模式扫描是否开启，选择是，查看当前直通模式设备，是否有直通模式在线，可以互相通话；如果直通模式扫描关闭，直接切回网络模式。

(5)发起直呼

输入电话号码，按发送键直接呼叫，发起直呼，如需挂断当前呼叫，按 14 结束键。

(6)紧急呼叫

手持台紧急呼叫需要提前设置指向，紧急呼叫目的指向地址为组号，需要提前在组内分配调度台用户或手持台用户。按下手持台红色按键并持续 2s，发起紧急呼叫，呼叫完毕，需要按下"挂机"键 2s，退出紧急模式。

（二）对讲机（400M）

1. 参数特点介绍

频率范围：136～174MHz；403～447MHz；435～480MHz。

存储信道：15 个信道。

输出功率：5/4W。

信道间隔：12.5/25kHz，可调。

2. 对讲机（400M）操作说明

400M 在行车中主要用于电客车司机与车站站台联控或其他工作人员近距通信等，不同于手持台（800M）双向通信，400M 对讲机只具备单向通话功能。开关机及音量调节见图 4-17 左旋钮，顺时针旋转该旋钮即可完成 400M 的开机，逆时针旋转该旋钮至极限位置后即可完成 400M 的关机。开机后顺时针旋转该旋钮音量依次增大，逆时针旋转该旋钮则 400M 音量依次减小。生产运作中音量应按规定调至 80% 以上。

图 4-17 右旋钮频组选择旋钮，共分为 15 个频组，依次顺时针旋转可完成 1～15 频组的转换，通信设备须在同一频组方可进行通话建立。通话方法：当需要建立 400M 通话时持

续按压左侧 PTT 按键，对准话筒说话即可。松开该按键，通话自动结束。

图 4-17　对讲机

第二篇 实 务 篇

第五章　电客车司机作业规程

> **岗位应知应会**
>
> 1. 掌握列车运行安全基本原则，人身安全基本原则，通过学习安全基本原则，了解城市轨道交通行车环境及相关操作注意事项。
> 2. 熟练掌握车厂行车及洗车、调车关键作业程序。
> 3. 精通掌握电客车司机从出勤、整备列车、出厂、正线运行、回厂、退勤、公寓备班等一系列作业流程，各种场景下行车凭证及作业要点。
>
> **重难点**
>
> 重点：列车运行安全及人身安全基本原则，天、地、人、灯、岔、路的意义，电客车司机驾驶标准，列车鸣笛规定，进出折返线/存车线要求，整备作业流程，洗车作业基本原则，调车"八不动"内容。
>
> 难点：洗车、调车关键作业程序，各种场景下的行车凭证。

　　一次性作业标准是城市轨道交通电客车司机的作业核心。在电客车司机的实际操作过程中，已经存在着许多规定条例对电客车司机的各项操作进行约束，比如"电客车司机出退勤标准"。除此以外还存在许多技术规定、运行规定等多项准则，以上的种种标准准则都对电客车司机的作业全过程给予详细的规定，可是为何还会存在不少的行车事故呢？很显然，标准准则的制定只是实现电客车司机标准化作业的第一步，最重要的一步是贯彻落实以上的标准准则，从真正意义上实现标准化作业。只有严格执行标准化作业，才能实现运营安全。

一、电客车司机基本作业要求

（一）列车运行安全基本原则

　　(1)司机在取得《电客车司机上岗证》并经鉴定合格后，方可独立驾驶客车。学员须在值乘司机的监督下才能操纵列车。

　　(2)严格按照要求使用设备和执行各项作业程序，确保客车运行安全。

　　(3)严格按照规定速度运行，严禁超速运行。

　　(4)严格按运营时刻表时刻及行调命令动车，把控行车三要素（天、地、人），动车三确认（灯、岔、路），以确保行车安全。

①天:是指列车上方的接触网、隧道及附属设施和天气等情况。

②地:是指地面轨道及附属设施。

③人:是指本班及其他作业人员。

④灯:是指信号机显示。

⑤岔:是指道岔位置。

⑥路:是指进路状态。

(5)电客车司机在班前注意休息,班中集中精力、不间断瞭望。

(6)操作各旁路开关前,须确保满足旁路使用条件并取得行调的授权,操作时应手指口呼。

(7)对于发布的调度命令或行车指示,司机须认真复诵、简要记录,领会命令内容,并向同一机班所有人员传达,做好交班。

(8)工作时坚守岗位,不得擅自离岗、串岗。当班时严禁玩手机、打盹、做与工作无关或者危及行车安全的事。

(9)正线值乘司机当班可携带通信工具,但在出勤前确保关机或飞行状态,遇通信故障无法与行调联系时,可以用该通信工具与行调进行联系。

(二)人身安全基本原则

(1)进出司机室注意站台与司机室侧门之间的间隙,谨防摔伤。

(2)严禁未经行调同意擅自进入正线轨行区。当需要进入时,须穿着荧光衣、携带手电筒、手持电台。

(3)司机上下备用车须得到行调同意,并穿着好荧光衣。

(4)列车因故需要在区间清客时,司机须做好防溜措施,原则上需等待车站工作人员到来后,才能往隧道疏散乘客,遇特殊情况听从行调指示执行。

(5)严禁擅自带无关人员进入司机室,因工作需要登乘列车司机室时,司机须确认其登乘证,其规定如下:

①登乘人员不得影响值乘司机的正常作业,列车在运行过程中司机室内人员总数(含乘务人员)不能超过4名。

②运营时间内特殊情况的施工需进入司机室的抢修人员,不得影响司机的工作,下车时通过司机室门进入轨道。

(6)在厂内有地沟的股道动车前,须确认地沟无人后方可动车。

(7)严禁飞乘飞降。在有登车梯股道上下车时,须从登车梯处上下。

(三)电客车司机驾驶标准

1. 电客车司机自动驾驶作业要求

运行中司机应:坐姿端正,不间断瞭望,左手放在工作台,右手置于主控手柄旁,不按压警惕按钮。列车进站时,除紧急呼叫、配置双司机时除外严禁接听车载电台(配置双司机时,由副司机接听),发现危及行车安全时,及时采取有效措施。

2. 电客车司机人工驾驶作业要求

(1)主控手柄操作标准为:右手掌心放置主控手柄顶部,五指自然握紧主控手柄,运行中或动车前应有效按压警惕按钮,严禁松开;牵引或制动时,应由小往大缓慢移动主控手柄,防止因牵引力或制动力过大导致"空转/滑行";制动时采取早拉少拉的原则,避免因空转/滑行或因超速(或松开警惕按钮)而产生紧急制动。

(2)当列车接近规定的速度时,应把主控手柄回零,中断继续牵引;对标停车时不得使用快速制动(特殊情况除外);适当掌握牵引和制动区0%点位置,牵引或制动时,做到平稳操纵,防止因主控手柄在"零"位改变列车工况时而带来的冲动。

(3)在大坡道上启动时(不得使用ATO模式),将主控手柄推至70%~90%牵引位,列车缓解后如出现后溜时只需保持主控手柄在70%~90%牵引位列车将启动(注:将主控手柄推至100%牵引位时不能有效起动列车);列车在较大坡道上制动,接近停车时,司机须采用全常用制动停车,防止制动力不足导致后溜。

(4)人工驾驶练习时必须严格执行标准化作业,认真确认"天、地、人、灯、岔、路"的状态。严格按照相关规定及行调命令控制好列车运行速度,严禁超速。进站时注意控制速度,准确对标,避免对标不准后二次启动。停车精度须控制在±50cm以内方可按规定开屏蔽门、车门上/下客;若停车精度在±50cm以外时,司机应严格按照规定进行处理。

(5)正线人工驾驶练习必须在规定的区段及时间内且向行调申请后方可进行,非规定时间严禁人工驾驶练习;如当日使用特殊时刻表或有明文规定时,不进行人工驾驶练习。正线发生设备故障而造成大面积晚点、交路错乱等情况时,禁止进行人工驾驶练习。屏蔽门未投用、屏蔽门故障、车辆故障和信号故障时,禁止人工驾驶培训和练习。

(6)人工驾驶练习时,如列车在未达到终点站且已延误120s及以上时或行调要求停止时,当值司机应立即终止人工驾驶练习。每次动车前当值司机必须确认本机班人员已经全部上车、司机室侧门已经关好、站台无异常情况后方能启动列车。学员在经过试车线NRM驾驶培训并评估合格后,方可在带教师傅的监控下进行ATO、ATP驾驶练习;无人监控时,严禁学员操作任何列车设备。

(四)列车鸣笛规定

(1)列车在正线进出站时无须鸣笛,但遇以下情况,司机仍需要鸣笛:遇列车发生异常情况进站或接到行调通知前方站站台异常、屏蔽门故障时;非运营期间列车调试作业难以瞭望前方线路时。

(2)司机正常作业中需要鸣笛时使用启动注意信号,一长声,长声持续3s,重复鸣示时须间隔5s以上。该鸣笛方式适用于以下情况:

①段/场内作业。

②整备作业中,准备降下或升起受电弓时(含正线)。
③库内动车前。
④进出库门、通过平交道口前。
⑤进洗车库动车前。
⑥车辆段、停车场调车作业换端动车前。
⑦试车线压道作业动车前。
⑧正线作业。
⑨在转换轨动车前。
⑩进出隧道口时。
⑪故障列车司机指挥救援列车司机连挂时。
⑫救援连挂完毕后准备动车前。
⑬隧道疏散(清客)完毕后准备动车前。

(3)电客车如需退行时,确认安全后准备动车时使用退行信号,二长声,长声为3s,间隔为1s,重复鸣示时须间隔5s以上。

(4)司机运行中发现邻线上有异物侵限或出现影响邻线运行的紧急情况时,立即向邻线上运行的列车发出紧急停车信号,邻线列车司机听到后,应立即紧急停车。紧急停车信号为连续短声,短声为1s,间隔为1s。

(五)电客车司机进出折返线/存车线要求

(1)进出防护准备工作:进出折返线/存车线前,电客车司机必须穿好荧光衣,携带手电筒。

(2)走行线路的要求:司机需经轨行区线路上/下列车时,应向行调明确从上行线/下行线进入折返线/存车线。

(3)进折返线/存车线要求:进折返线/存车线前,司机按规定做好个人防护,进入轨行区时,必须得到行调的允许,当得到可以进入轨行区的行调命令后,司机通过800M通知车厂派班室并从就近车站上行线/下行线进入轨行区,徒步行进过程中,使用电筒照明,密切留意线路情况及电缆线布置,进入轨行区后,严谨触碰电缆线。当经过道岔区域时,不得在基本轨与尖轨之间、叉心、轨面、轨旁设备、转辙机处行走,谨防道岔转动时夹伤人员。司机上车后通过车载台联系行调,并与行调确认开行车次、驾驶模式、开行时间、投入载客服务地点。

(4)出折返线/存车线要求:出折返线/存车线前,司机按规定做好个人防护,进入轨行区时,必须得到行调的允许,当得到可以下车进入轨行区的行调命令后,通过800M通知车厂派班室,经过上行线/下行线轨行区上站台,徒步行进过程中,使用电筒照明,密切留意线路情况及电缆线布置,严禁触碰电缆线。当经过道岔区域时,不得在基本轨与尖轨之间、叉心、轨面、轨旁设备、转辙机处行走,谨防道岔转动时夹伤人员,到达站台后,通过800M联系行调并告知800M号码,同时司机通过800M告知车厂派班室,随后在车站车控室待令,在待令期间不得无故离开车控室,因其他情况需离开车控室时,应报告行调,得到行调同意后方可离开,如得到行调开行备用车的命令后,应按规定及时前往备用车,不得因个人原因延误备用车的开行时间。

(六)电客车操作日常行为习惯

电客车司机日常养成的操作习惯直接影响着作业质量和行车安全。随着大量新司机单独上岗和新员工跟车学习,一些可以避免的人为失误时有发生,因此,电客车司机需培养以下良好操作习惯:

(1)培养车动集中看,瞭望不间断的习惯,防止瞭望不彻底。在师徒带教、日常添乘或安防检查中,时常发现有的司机容易受到说话、拿取或收拾东西、记录手账等因素干扰,短时间地扭头或做与驾驶无关的事情,从而中断前方瞭望,这是不安全的。因此,必须养成不受干扰,运行中集中注意力向前看的良好习惯。

(2)培养交班先关钥匙后交接的习惯,预防未关钥匙直接交接造成折返失败。到达终点站停妥后,操作完ATB折返作业车上程序后再与接班司机交接。

(3)培养操作设备开关前要手指口呼的习惯,预防错打旁路开关造成次生影响。

(4)培养动车前往开门侧看一眼的习惯,确认动车安全。这样做的目的:一是通过站台CCTV监控再确认站台无异常;二是确认关门灯亮;三是确认随车人员已上车,侧门是否关好。

(5)培养始发站发车前核对时刻表、车次的习惯,避免列车早发、晚发。

(6)培养关通道门后反推的习惯,避免关门不严。司机从通道门进入客室后,关门时必须用手反推一下,确认门锁闭良好,避免运行中该门被打开,造成乘客进入后端司机室的不良险情。

(7)培养手动关屏蔽门手不离屏蔽门钥匙习惯,预防遗留钥匙造成影响。在RM/NRM需手动关闭屏蔽门时,要做到手不离钥匙,防止屏蔽门钥匙遗留在PSL上。

(8)培养库内动车前进行两侧后部瞭望的习惯,确保库内动车安全,避免其他人员侵限造成人员伤害。进出运用库大门时必须限速5km/h运行,以确保人身安全。

二、电客车司机出勤及整备作业标准

(一)出勤作业标准

(1)司机须提前到达派班室学习注意事项及新文件等,抄写行车揭示、填写司机报单等。

(2)司机须按规定着装,将手机调成飞行模式或关机,向派班员申请出勤,派班员确认无误后准许出勤。

(3)早班出勤司机与派班员核对发车计划。派班员核对司机抄写的行车注意事项等正确并盖章,向司机派发随车的行车备品。司机确认备品齐全及状态良好后签名确认。

(4)中班/晚班司机在两端终点站出勤时,在站台接早班/中班司机的全部备品。中班/晚班司机在中间站出勤时,在相应站台接早班/中班司机的全部备品,值乘作业过程中,在中间站换乘接车时,注意行车钥匙及随车备品的交接。

(二)整备作业的要求

(1)整备作业前须了解列车停放位置及列车状态,遇挂有"严禁动车"标志时,严禁检车,立即报告厂调,待"严禁动车"标志撤除后继续检车。检查列车走行部时,严禁侵入黄线,不得触摸任何设备,如发现异常立即报厂调。任何情况下严禁跨越地沟,进行车底检查时,严禁侵入车辆限界,避免碰伤。检查列车时须携带手持电台、手电筒,并严格按要求整备列车,列车未经过整备严禁动车。升弓前,须确认所有人员均在安全区域内,方可鸣笛升弓。受电弓升起后,严禁触摸列车任何带电部位、地沟检查及攀登车顶。严格按照规定对列车进行整备和试验,确保客车在投入服务前,技术状态良好,如整备过程中发现异常须及时报厂调,存在下列情况之一则严禁出库(特殊情况在不影响行车安全和乘客服务的情况下,由检调决定是否出库,并注明故障情况):

①受电弓、车间电源等高压设备故障,致使电客车无DC1500V电源。
②牵引系统故障。
③制动系统故障。
④客室门故障。
⑤安全回路电路故障。
⑥列车诊断系统故障。
⑦空调通风系统故障。
⑧空气压缩机等辅助系统故障。
⑨车辆消防设备故障。
⑩其他影响列车运行的故障。

(2)出厂或调车前发生客车故障或客车不符合运行要求时,司机立即向厂调报告,在不影响出厂时间及行车安全的前提下,根据相应故障处理指南进行初步处理,检修人员到位后交由其处理。

(3)司机作业前须确认客车前后端无警示牌(灯)、无侵限,否则立即通知厂调,按其指示执行。

(三)整备作业流程

(1)到达指定的股道后,确认股道、车组号相符,列车两端无警示标志,列车两侧以及上、下无异物侵限或者可能侵限的异物。

(2)司机整备列车前须报信号楼值班员,严格按照本标准检查列车的走行部和客室内部,并在两端司机室进行动态功能试验。整备作业过程中如遇列车故障,司机应通过手持电台及时告知车厂调度处理。

(3) 列车整备作业程序(已激活列车),检车流程见图5-1。

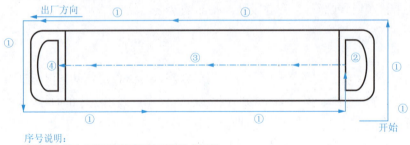

序号说明:
①从非出段方向端开始检查列车两侧的走行部;
②到非出段方向端司机室检查;
③检查客室;
④到出段方向端司机室检查。

图 5-1　检车流程图

①到达指定股道,确认车底号正确,报信号楼。

②车底检查。检查车底要用求用手电筒辅助照看。

③车底检查完毕后到非出段端司机室打开司机室灯。确认蓄电池电压正常,确认微动开关及旁路开关位置正确,确认主风气压正常。

④在非出段端司机室进行司机室静态检查。

⑤在非出厂端司机室进行动态试验

a. 打开主控钥匙,确认各指示灯显示正常。按压试灯按钮进行试灯。降弓进行紧急停车按钮试验,并确认受电弓无法升起,回复紧急停车按钮,然后将受电弓升起,确认升弓灯亮,车辆屏上显示受电弓升起。

b. 高速断路器试验,确认高速断路器正常。

c. 停放制动试验,确认停放制动施加缓解正常。

d. 制动试验,确认制动良好。

e. 牵引自检,确认列车牵引电机状态正常。

f. 客室照明试验,头灯的远光灯近光灯试验。通过操作客室照明按钮进行客室照明试验,并确认照明良好。

g. 广播试验,测试客室报站广播、紧急广播是否正常。

h. 开关门试验,确认车门正常开启关闭无卡滞等异常现象。

⑥客室检查要求从非出厂端向出厂端方向检查确认无异常。

⑦出厂端司机室检查项目与非出厂端司机室相同。

⑧报信号楼列车整备作业完毕。

(4) 整备完毕后,报信号楼值班员,得到同意且确认信号、道岔开通正确后,方可鸣笛动车出厂。

（四）列车整备作业检查项目及标准

1. 车底检查（表5-1）

车底检查　　　　　　　　　　　　　　　　　　表5-1

序号	主要检查项目	内容及标准
1	车体外观（包括受电弓）	无明显损坏，无变形，客车标志（城市轨道交通徽记、标志灯）完整清晰；车门上的盖板无打开且锁闭良好
2	列车头灯/尾灯	外观无破损
3	车钩及缓冲装置	无明显损坏变形，电气盖板锁闭良好，电缆软管无脱落，各塞门位置正确，车钩监控装置位置正确，车钩连接处无异物
4	转向架	空气弹簧外观无明显破损漏气
5	车底电气设备箱	箱盖锁闭良好
6	车间电源	锁闭良好，位置正确
7	空气压缩机	阀门位置正确
8	风缸及气路塞门	各塞门位置正确

2. 客室检查（表5-2）

客室检查　　　　　　　　　　　　　　　　　　表5-2

序号	主要检查内容	内容及标准
1	客室内观（地板、门窗玻璃等）	清洁、无明显损坏
2	照明	照明良好无损
3	车门	门页无损，锁闭良好，指示灯显示正常，各盖板安装良好，开关位置正常，乘客报警按钮完整无缺
4	车顶通风	通风隔栅完好
5	座椅、设备盖板、灭火器	盖板锁闭良好，灭火器齐全完整、捆绑牢固
6	设备柜、电子柜、通道侧墙板	锁闭良好，完整无损坏
7	各显示屏	无异常

3. 司机室检查（表5-3）

司机室检查　　　　　　　　　　　　　　　　　　表5-3

序号	主要检查内容	内容及标准
1	司机控制器（方向手柄、主控手柄）	均在"零"位，完整无缺，无卡滞现象，警惕按钮作用良好
2	车载无线电	作用良好
3	各显示屏	无明显损坏，信息显示正确
4	司机室侧门、通道门	锁闭良好、无明显卡滞现象，司机室侧门玻璃无破裂
5	各种仪表、指示灯、司机台	外观完整、显示正常；按钮、开关位置正确
6	前窗玻璃	清洁，无破裂，刮雨器完整无缺
7	设备柜	开关位置正确，铅封完好
8	天花板风扇	通风良好

4. 一次性整备作业标准图示

以郑州市轨道交通1号线为例,如图5-2所示。

(1)司机到派班员处领取《列车状态卡》,到达指定停放位置核对车体股道号,车辆段运用库6、8、9、10道、停车场运用库15、16道检车须佩戴安全帽。

(2)在非出段端使用车载电台报信号楼:"车辆段/停车场信号楼,××车×道×段整备作业!"。

(3)检查车底。(确认转向架及其他车底设备开关位置正确无异常,轮对及踏面无异物,车底及两侧无人机物侵限)

(4)检查司机室。(确认设备柜开关位置正确,对列车紧制、制动性能进行测试,客室报站广播、紧急广播测试、客室照明试验等)

(5)开关门试验。(确认列车左右两侧车门开关均无异常)

(6)检查客室。(确认LED显示器、车门、紧急拉手、紧急通话装置良好)

(7)确认灭火器、B05盖板锁闭良好。

(8)确认通道门锁闭良好,柜门锁闭良好,贯通道良好,前往发车端司机室。

图5-2 一次性整备作业标准图示(整备作业)

三、电客车司机驾驶作业程序

(一) 列车出厂作业程序

1. 列车出厂凭证

(1) 正常情况下与信号楼值班员联系互控后,凭出库信号机显示及信号楼动车指令驾驶列车至出厂信号机前,凭出厂信号机显示的允许信号进入转换轨接收行车信息,凭车载信号及转换轨信号机显示进入正线。

(2) 当始发站联锁区出现联锁设备故障情况,需要使用电话闭塞法组织行车时,列车凭路票及厂调指令动车至相应站台。

2. 列车出厂流程

(1) 列车整备完毕后,与车辆段信号楼联系出库,凭地面信号显示及信号楼动车指令以 RM 模式驾驶列车出库。

(2) 动车前确认列车两侧无人员、物品侵限,手指口呼确认出厂信号机显示正确。

(3) 驾驶列车时严格控制速度,按照规定速度运行,待列车完全出库后方可提速,运行中加强瞭望,发现异常及时采取措施。

(4) 确认信号显示及道岔位置正确后,凭地面信号显示运行至出厂信号机前一度停车,停稳后开启全列车空调及照明。

(5) 在转换轨停稳后,确认信号屏显示相应信号模式可用,转最高正常可用模式,按运营时刻表或行调命令动车,如列车不能正常升级为 CBTC 模式时应立即报行调,按行调命令执行。

3. 客车在厂内速度要求(表 5-4)

厂内速度要求　　　　　　　　　　　　　　　表 5-4

序号	项目	速度(km/h)	说明
1	空线牵引运行	25	
2	空线推进运行	15	
3	调动装载超限货物的车辆时	10	
4	调动载有乘客的车辆时	10	
5	在尽头线调车时	10	
6	在库内线路运行时	5	
7	对位时	5	
8	接近被连挂车辆三、二、一车时	8、5、3	
9	接近被连挂车辆时	3	
10	接近车挡时	3	

续上表

序号	项目	速度（km/h）	说明
11	洗车线洗车时	3	
12	试车线运行	80	需进行60km/h以上试验时，需要安排副队长以上人员添乘
13	试车线300m标	60	
14	试车线200m标	40	
15	试车线100m标	10	
16	压信号调车时	10	含越过关闭的信号机时
17	在车厂咽喉区调车时	10	指出入厂线、转换轨道岔区

4. 列车出厂安全关键点

（1）司机驾驶列车出厂时，认真确认信号显示及道岔开通位置是否正确，运行线路是否存在侵限或者侵限的风险，发现异常及时停车汇报。

（2）司机在地面线路驾驶时，需密切留意线路供电系统情况，包括接触网及隔离开关位置，注意观察显示屏网压以及受电弓状态，发现异动、异响立即停车报厂调，并按其指示执行。

（3）客车在进入隧道前须鸣笛，并严格控制速度，有人在线路附近或侵入行车限界时需要鸣笛警示，遇紧急情况时立即采取紧急措施停车，确保行车安全。

（4）司机须熟记出厂线路状况，掌握好列车牵引与制动的时机，时刻保持警觉状态，防止安全事件的发生。

5. 出厂作业标准

（1）列车整备完毕后，与信号楼联系出库。

（2）手指口呼门模式在手动开关门位，确认列车两侧无人无物品侵限，确认出库信号机时开司机室灯，确认信号好、道口安全、库门好后，鸣笛限速5km/h动车，并关闭司机室照明。

（3）列车尾部未出清库内线路时严禁提速。

（4）司机确认道岔位置时必须手指口呼，确认好道岔位置，按规定速度运行，发现异常及时采取措施。

（5）在出厂信号机前一度停车并与行调联系，核实运行有关事项，确认信号机开放正确后鸣笛动车并关司机室照明。

（6）空车运行到指定车站的列车，如需中间站换端时，需手指口呼门模式在手动开关门位后按时刻表或行调命令运行至相应车站。

（7）司机驾驶列车进入洞口前要加强鸣笛并适当降低速度。

6. 一次性出厂作业标准图示

以郑州市轨道交通1号线为例，如图5-3所示。

(1)列车整备完毕后,与信号楼联系出库。(B段出厂时无需再在A段报信号楼)

(2)手指口呼门模式在MM位,确认列车两侧无人无物品侵限。

(3)确认出库信号机开放黄灯(A段)双确认后呼"列车信号黄灯好"、"道口安全"、"库门好"。鸣笛限速5km/h动车后关司机室照明。

(4)车辆段SZ1/SZ2信号机(停车场XZ1/XZ2信号机)前一度停车,手指口呼双确认确认"列车信号黄灯好"。

(5)首列出厂车及非运行计划出厂列车需在车辆段CD1/CD2、停车场CC1/CC2/CC3信号机前一度停车并与行调联系,将车载台调至正线组,将800M电台调至行车组。

(6)列车在出厂至第一个车站即投入服务的列车,在出厂信号机处打开全列车空调和照明,其他列车在投入服务前5分钟打开全列车空调和照明。

(7)空车运行至河南大学站投入服务的列车,需在市体育中心站停稳后换端,手指口呼门模式在MM位,按时刻表运行至河南大学站。

(8)司机驾驶列车进入洞口前要加强鸣笛并适当降低速度。列车出厂按时刻表运行至需投入服务的车站后,统一手动开门,站台作业完毕后,转门模式为AM位。

图5-3 一次性出厂作业标准图示(出厂作业)

（二）电客车司机正线作业程序

1. 站台/区间作业流程

（1）列车自动驾驶

①进站过程注意确认站线及屏蔽门状态和广告灯箱,站台中部时手指确认列车减速制动,并确认列车到站准确、对标停稳。

②打开司机室灯,手指确认屏蔽门、车门打开,拉主控手柄至最大制动位,使列车保持在制动状态,携带对讲机,打开司机室侧门。

③在司机立岗处进行站台作业,确认屏蔽门、车门全部打开,并确保屏蔽门及车门完全打开保持 10s 及以上。操作关门按钮,待车门完全关闭后,手指口呼确认屏蔽门关好、车门关好、空隙安全,站在立岗处手指口呼确认出站信号开放正确,道岔位置正确,关司机室侧门并反拉侧门确认关闭良好。

④坐在司机座椅上,主控手柄回零位,手指口呼确认出站信号开放正确,道岔位置正确,列车有推荐速度后,操作列车自动发车,并关闭司机室灯。

（2）列车人工驾驶

①进站过程注意确认站线及屏蔽门状态和广告灯箱,驾驶列车站台对标停车,司机确认列车已停稳,拉主控手柄至最大制动位,使列车保持在制动状态。

②打开司机室灯,确认有允许开门信号,携带对讲机,打开司机室侧门,操作开门按钮,手指确认屏蔽门、车门打开。

③返回司机立岗处进行站台作业,确认屏蔽门、车门全部打开,并确保屏蔽门及车门完全打开保持 10s 及以上。操作关门按钮,待车门完全关闭后,手指口呼确认屏蔽门关好、车门关好、空隙安全,站在立岗处手指口呼确认出站信号开放正确,道岔位置正确,关司机室侧门并反拉侧门确认关闭良好。

④坐在司机座椅上,手指口呼确认出站信号开放正确,道岔位置正确,列车有推荐速度后,推主控手柄动车,并关闭司机室灯。

2. 终点站站后折返作业流程

（1）折返作业安全基本原则

①严格遵守交接班制度,坚持"有车必有人"。

②动车前确认现场所有人员均在安全区域。

③严格按折返程序操作,司机完成自动折返操作后须确认列车启动并出清站台后方可离开。

④人工折返时,到达司机在折返线对标停稳后,确认列车无异常,关主控钥匙换端。换端后,确认信号开放后方可激活司机台。

（2）自动折返接车司机作业程序

①提前 1min 立岗,列车停稳车门、屏蔽门打开后,进入司机室与到达司机进行对口交接

并查看列车状态(主要包括交接车次、行调命令、列车状况、随车备品)。

②待到达司机关好屏蔽门、车门后方可打开通道门并确认客室无乘客遗留,确认到达司机转换自动折返模式、关闭主控钥匙后,方可离开司机室并确认通道门关闭。

③快速经客室到达对端司机室,手指口呼确认信号机开放正确,道岔位置正确,并监控列车正常折返到站台。

④待列车自动打开屏蔽门、车门,手指确认信号屏、车辆屏上屏蔽门、车门打开后,开主控钥匙,将主控拉至最大制动位,转换至正常驾驶模式,出司机室手指口呼确认屏蔽门、车门开启,返回司机室设置广播、确认发车时间、列车状态、各指示灯按钮及设备柜开关等正常后到站台立岗。

(3)自动折返到达司机作业程序

①列车到站停稳后,正常站台作业确认屏蔽门、车门开启后,回到司机室做清客广播,与接车司机交接(主要包括交接车次、行调命令、列车状况、随车备品)。

②到站台手指确认站台清客完毕信号并用对讲机回复确认清客完毕,关车门进行站台作业后,回到司机室。

③与接车司机共同确认无乘客遗留,确认信号屏显示自动折返模式可用,转自动折返驾驶模式,按自动折返按钮,信号屏显示自动折返模式建立后,将主控手柄、方向手柄回零,关钥匙,确认通道门关好,锁好司机室侧门。

④确认人员处于安全位置,手指口呼确认信号开放正确,道岔位置正确,确认列车自动折返出清站台后离开立岗区。

(4)人工折返接车司机作业程序

①提前1min立岗,列车停稳车门、屏蔽门打开后,进入司机室与到达司机进行对口交接并查看列车状态(主要包括交接车次、行调命令、列车状况、随车备品)。

②待到达司机关好屏蔽门、车门后方可打开通道门并确认客室无乘客遗留。

③快速经客室到达对端司机室后检查各指示灯按钮及设备柜开关等,接到到达司机模式转为正常位置,并关闭主控钥匙的通知后开钥匙,将驾驶模式转至可用最高级驾驶模式、门模式转至与驾驶模式相对应的模式,手指口呼确认信号开放正确,道岔位置正确,列车有推荐速度后,正常折返至站台。

④列车到站台对标停车后,正常作业确认屏蔽门、车门开启,并确认到达司机已下车,返回司机室设置广播、确认发车时间、列车状态后到站台立岗。

(5)人工折返到达司机作业程序

①列车到站停稳后,正常站台作业确认屏蔽门、车门开启后,回到司机室做清客广播,与接车司机交接(主要包括交接车次、行调命令、列车状况、随车备品)。

②到站台手指确认站台清客完毕信号并用对讲机回复确认清客完毕,关车门进行站台作业后,回到司机室。

③与接车司机共同确认无乘客遗留,锁好司机室侧门,手指口呼确认信号开放正

确,道岔位置正确,列车有推荐速度后,动车并关闭司机室灯,到达折返线对标停稳,关钥匙。

④将模式转至正常位后关钥匙,并通知接车司机已关钥匙,并通过司机室通道门至客室,待列车折返至站台停稳开门后,通过客室下车,下车后用对讲机通知接车司机到达司机已下车。

(6)一次性ATB自动折返图示

以郑州市轨道交通1号线为例,如图5-4所示。

(1)接车司机提前1分钟到达站台头端处立岗处接车。

(2)到达司机确认屏蔽门车门开启后返回司机室人工广播清客。

(3)到达司机与接车司机进行交接(主要交接车次、行调命令、列车状况、800M电台)。

(4)站台作业完毕,打开通道门确认客室无乘客遗留。

(5)确认TOD显示ATB模式可用,转ATB位→按自动折返按钮,TOD屏显示"黄色ATB模式"→主控、方向手柄回零→确认TOD自动折返图标,关钥匙→确认通道门关好,锁好司机室侧门。

(6)确认人员处于安全位置,手指口呼"灭灯、道岔好"→按压站台ATB自动折返"绿色"按钮(约3秒后松开)→确认列车出清站台区域后方可离开。

图5-4 一次性ATB自动折返图示(ATB折返作业)

(三)列车回厂作业程序

1. 列车回厂注意事项

如出站信号机显示开通尽头线方向禁止通过时,须与行调确认进路。

回厂列车在转换轨入厂信号机前一度停车时,若坡道过大,列车必须迅速拉 100% 常用制动位(避免拉快速制动,常用制动向快速制动转换有一定时间延迟),防止列车制动施加不及时,导致列车后溜产生紧制或定位丢失。在上坡道转换驾驶模式启动时,须推 70%～90% 以上的牵引力,防止列车产生后溜。

车厂 AB 段股道的停车位置如距离信号机太近,对位停车时控制好速度。

车厂在中间站延伸方向时,若为两端终点站空载回厂的列车,司机通过客室换端至对端司机室手指口呼转门模式至手动开关门位。

2. 列车回厂流程

(1)正常情况下列车在终点站站台清客退出运营服务后,在本端司机室确认相应回厂进路上的信号机信号开放正确、道岔位置正确后回厂,遇雨雪天气时应在提前转换为人工驾驶模式。

(2)列车运行至入厂信号机前一度停车,将主控手柄拉全常用制动并打开司机室灯,呼叫信号楼值班员请求回厂,确认入厂信号黄灯好后,以 RM 模式驾驶列车入厂,待列车停稳后报告信号楼值班员。

(3)驾驶列车严格控制速度,按照规定速度运行,在平交道口前一度停车,确认线路、平交道无危及行车安全的人或物。

(4)列车在指定位置停稳后,施加停放制动、分高断并报信号楼收车(确认列车负载无运行,受电弓已降下,关主控钥匙后,分断列车激活)。携带行车备品,记录行车公里数,下车锁好司机室侧门。

(5)车厂范围内停车时间超过 2min 时,动车前需打开司机室侧门确认列车两侧安全,注意人身安全。车厂范围内在线路尽头线停车须执行执行"三、二、一车"停车制度。

3. 一次性回厂作业标准图示

以郑州市轨道交通 1 号线为例,如图 5-5 所示。

四、电客车司机退勤作业标准

(1)列车回厂停稳后,同一机班人员到厂调处还《列车状态卡》。

(2)正线退勤时,同一机班人员到正线派班室办理退勤手续;车厂退勤时,到车厂派班室办理退勤手续。

(3)司机到达派班室后须核对行车备品齐全及状态良好并登记相应台账(早班/中班司机在正线退勤时,需在站台将备品交给中班/晚班司机)。

（4）退勤时，向派班员小结列车的运行情况，当值期间发生事件/事故时需填写行车事件单，将行车备品交予派班员并签还，司机须着装整齐，将退勤台账放于派班台面上，向派班员申请退勤并办理退勤手续，派班员在司机退勤前应核对司机交还备品的状态，核对好司机填写的报单和事件单。核对好之后方可准许司机退勤并在司机日志上盖章确认。

(1) 两端始发站的末班车发出之前的回厂车及发出之后的第一列回厂车需运行至终点站前一区间与行调联系确认是否按计划回厂。

(2) 终点站清客完毕确认客室无人员遗留→关闭客室照明和空调→手指口呼确认"灭灯/黄灯好、道岔好"→动车前转MM位并手指口呼→按规定程序和速度运行至转换轨。

(3) 将主控手柄拉至全常用制动位并打开司机室灯→自行转RM模式→将800M电台调至车辆段/停车场组，通过车载电台与信号楼联控。

(4) 联控完毕后确认入厂信号机开放后司机站在座椅左侧进行手指口呼"列车信号黄灯好"，坐下后再次手指口呼"列车信号黄灯好"。

(5) 鸣笛并按规定速度运行至平交道口一度停车→确认平交道口安全后呼"道口安全"、"库门好"限速5km/h进库。

(6) 入库并执行"三、二、一车"停车制度，列车停稳做好防溜措施后报信号楼，收车。

图 5-5　一次性回厂作业标准图示(回厂作业)

（5）一次性出/退勤作业标准图示。

以郑州市轨道交通 1 号线为例，如图 5-6 所示。

(1)标准着装，按规定时间到达指定派班室，抄写行车提示及注意事项、填写司机报单、乘务员出勤状况询问表、钥匙借还登记本。

(2)将司机日志、司机报单等放于派班台面上，向派班员申请出勤："派班员，XX交路司机申请出勤。"

(3)早班出勤司机与派班员核对发车计划并记录在司机日志上。

(4)派班员核对司机抄写的行车注意事项、乘务员出勤状况询问表、钥匙借还登记本、司机报单并盖章，向司机派发随车的800M电台（车辆段或停车场）、400M电台、工作钥匙、时刻表等行车备品。

a) 出勤作业

(1)司机到达派班室后归还行车备品并登记相应台账，将司机日志和司机报单放于派班台面上，向派班员申请退勤："派班员，XX交路司机申请退勤"。

(2)派班员核对司机交还备品的状态，确认报单和事件单无异常准许司机退勤并在司机日志上盖章确认。

b) 退勤作业

图 5-6　一次性出/退勤作业标准图示（出/退勤作业）

五、电客车司机候班管理规定

（1）晚班司机在车辆段/停车场派班室退勤后，将个人手机关机，按照次日早班交路号放置在相应手机存放柜中，待次日出勤时取回。

(2)司机须在每日规定的时间到达公寓并签到。

(3)司机应严格按照公寓管理员安排房间借宿,不得私自更改房间。

(4)司机在公寓内不得大声喧哗,不得在公寓房间内和走廊上抽烟、酗酒、赌博等。

(5)司机需在退勤后50分钟内关灯睡觉,严禁做影响他人休息的事情。

(6)早上听到电话叫班后,应尽快洗漱,离寓时需签名确认。

六、车厂行车及洗车、调车作业程序

(一)车厂行车原则

厂调根据运营时刻表、施工行车通告和调度命令的要求,组织足够数量、状态良好的电客车和工程车上线运行。

(二)电客车运用状态转变的规定

运用车是技术状态良好,并已办理转入运用交接手续的电客车。检修车是已办理转入检修交接手续,进行计划检修或故障检修的电客车。

1. 电客车从运用状态转入维修状态

凭证:电客车为《列车状态卡》。

转入时间:电客车以检调收回《列车状态卡》的时间为准。

2. 电客车从维修状态转入运用状态

凭证:电客车为检调提交给车厂调度的《列车状态卡》。

转入时间:以车厂调度接收以上凭证的时间为准。

(三)电客车洗车作业标准

1. 洗车作业安全基本原则

(1)列车在进入洗车线前,司机联系洗车机工作人员,明确洗车方式(有端洗或无端洗)。

(2)洗车线运行时限速3km/h(须打慢行位),严禁赶点及超速驾驶。

(3)严格按洗车线洗车信号机、调车信号机的显示及行车标志行车。

(4)洗车过程中司机须保持精力集中、不间断瞭望,密切留意洗车线路及设备状态,发现异常立即停车,报告信号楼值班员,再次动车前须得到信号楼值班员的同意并确认安全后方可动车,如取消洗车作业时,需联系信号楼值班员,按信号楼值班员指令执行。

(5)洗车作业过程中严禁后退,严禁反向运行。

(6)洗车过程中必须锁闭司机室侧门,严禁探身车外。

(7)洗车过程中严禁使用刮雨器。

2. 洗车作业流程

（1）列车在转换轨入厂信号机前停稳，需要洗车时，司机确认入厂信号机开放，以 RM 模式按规定速度运行至相应调车/禁止信号机前对标停车，锁好司机室侧门后换端。

（2）换端完毕后联系信号楼，凭信号楼指令及调车信号显示正确，开钥匙，运行至洗车线调车信号机前一度停车。

（3）通过手持电台联系洗车机工作人员，确认洗车方式，将"慢行"模式开关打至"合"位，锁好本端司机室侧门后凭洗车信号及地面调车信号洗车。

（4）确认洗车信号机、地面调车信号机开放正确，以慢行 3km/h 的速度进入洗车机区域进行洗车作业。

（5）客车清洗完毕后，司机驾驶客车前行，以 3km/h 运行至牵出线对标停车，将"慢行"模式开关打至"分"位，换端后联系信号楼并根据信号楼指令及调车信号机显示，驾驶客车到指定地点停放。

3. 洗车注意事项

（1）洗车作业时集中精力，严格执行呼唤应答制度，确保洗车作业安全。

（2）如进行无端洗时，正常情况下洗车信号机均显示绿灯。

（3）列车进入及离开洗车机始终将"慢行"模式开关保持在"合"位，通过洗车区域限速 3km/h。

（4）在洗车时，司机应认真确认地面信号、洗车信号及洗车机状态，如遇异常，立即停车报信号楼值班员及厂调，未得到允许严禁动车。如遇不能按规定完成洗车作业时，司机须立即停车联系信号楼值班员，在得到信号楼值班员的同意后方可动车。

（四）电客车车厂调车作业标准

（1）司机听取厂调布置相关安全注意事项，并确认现场是否出清，领取调车作业单并签名确认，调车作业完毕后调车单须交派班员存放保管。

（2）司机须严格对列车进行检查、试验，特别注意列车有无禁动标志和物体侵限。

（3）牢记"动车三确认（天、地、人）"，并把控"行车三要素（灯、岔、路）"，确保调车安全。运行中加强瞭望。

（4）进入牵出线调车作业时，须严格按"三、二、一车"要求控制速度，对标停车。列车在规定位置停稳后司机立即换端，换端完毕后联系信号楼确认下一钩作业计划情况，得到允许动车的指示后，激活司机台，确认信号开放正确后方可鸣笛动车。

（5）调车作业中，司机得到信号楼值班员有关待令的通知时，严禁擅自动车。动车前须得到信号楼值班员的"可以动车"通知，司机复诵并确认信号、道岔正确后方可动车。

（6）调车作业完毕后，按规定收车（如厂调有其他正常安排则按其指示执行），如有不正常状态则报厂调。

（7）调车作业安全基本原则（调车"八不动"）

①设置铁鞋防溜时,不拿出铁鞋不动车。
②凭自身动力动车时,没有制动不动车。
③机车、车辆制动没有缓解不动车。
④调车作业目的不清不动车。
⑤调车作业没有联控不动车。
⑥没有信号或信号不清不动车。
⑦道岔开通不正确不动车。
⑧侵限侵物不动车。

(8)调车作业程序

①在厂调处领取调车作业单后,到相应股道对列车进行整备作业,并报信号楼值班员。

②整备作业完毕后,司机与信号楼值班员确认调车进路已排列,动车前确认两侧无异物侵限、信号机开放及平交道口安全,方可动车。

③进入牵出线时须严格控制列车速度,对标停妥后施加停放制动,关主控钥匙并带齐行车备品换端。

④换端后与信号楼值班员确认调车进路已排列,确认调车信号机开放后方可动车。

⑤在库门口一度停车标前一度停车,确认道口安全后限速 5km/h 动车入库。

⑥待列车对标停妥后,报告信号楼值班员,做好防溜、关负载、分高断、降受电弓后收车,带齐行车备品下车并将司机室侧门锁闭。

⑦向厂调和派班员汇报作业情况,上交调车作业单。

第六章　安全管理规定

> **岗位应知应会**
>
> 1. 了解轨道交通行车安全案例及相关原因分析。
> 2. 熟练掌握运营事故（事件）的责任判定和处理，事故（事件）责任判定遵循的原则。
> 3. 精通学习电客车司机作业关键点。
>
> **重难点**
>
> 重点：运营事故（事件）责任划分，非责任事故划分，事故（事件）责任判定遵循的原则，轨道交通行车安全案例及相关原因分析。
>
> 难点：电客车司机作业关键点。

一、事故（事件）管理规定

（一）运营事故（事件）责任判定

（1）城市轨道交通运营事故（事件）调查处理须贯彻"安全第一、预防为主、综合治理"的方针，及时正确处理城市轨道交通运营事故（事件），维护城市轨道交通运营秩序。

（2）凡在正线、辅助线、车厂及城市轨道交通公司所属管辖范围内，由于城市轨道交通自身原因造成人员伤亡、设备损坏、经济损失、中断行车、火灾或其他危及运营安全的情况，均构成运营事故（事件）。

（3）由于乘客自身原因、不可抗力、社会治安等非城市轨道交通责任原因产生后果的均不列入城市轨道交通运营事故（事件）统计范围。

（4）城市轨道交通系统内任何单位和个人，在"高度集中、统一指挥、分级负责"的原则下，均有尽快处理事故的责任和义务。发生各类故障或事故时，有关单位和人员应相互配合、积极处理、迅速抢救、尽量减少损失和影响，尽快恢复正常运营。对于因失职或推诿扯皮而贻误时机造成后果的单位和人员，要追究其责任。

（5）处理事故（事件）要以事实为依据，以国家法律、法规和城市轨道交通公司规章制度为准绳，坚持"四不放过"的原则（事故原因查不清不放过，事故责任者和广大群众没受到教育不放过，没有采取改进措施不放过，事故责任者和有关领导没受到查处不放过），认真调查分析，查明原因，分清责任，吸取教训，制定对策。对事故（事件）责任者，应根据事故（事件）性质和情节，予以批评教育、经济惩罚、行政处分直至追究法律责任。并根据事故（事件）性质、情节的严重性,按有关规定逐级追究责任。

(二)运营事故(事件)的责任划分

①全部责任:负有事故损失及不良影响100%责任。
②主要责任:负有事故损失及不良影响60%至90%责任。
③同等责任:各方均负有事故损失及其不良影响的相同成分的责任。
④次要责任:负有事故损失及不良影响30%至40%责任。
⑤一定责任:负有事故损失及不良影响10%至20%责任。
⑥管理责任:根据事故(事件)性质承担。

(三)运营事故(事件)责任判定的依据

有效的各项规章、制度、办法及规定等。

(四)事故(事件)责任的判定遵循的原则

(1)因动车调试作业发生的事故(事件),因车辆本身技术有问题的,由负责组织调试作业的单位或部门承担主要责任;由于其他原因造成的仍按正常事故(事件)处理。

(2)因承包商在城市轨道交通范围内进行设备维修、施工而造成的运营事故(事件),列为承包商责任事故(事件)。管理部门承担管理责任。

(3)因货物装载不良或押运人员监督不力造成的事故(事件),由装载部门或押运部门承担责任。

(五)车辆、设备、设施、器材、装置发生异常状况发生事故(事件)时,事故(事件)责任的处理原则

(1)对于尚无明确分工的项目,按主体责任原则,设备管理的部门承担主要责任。按属地管理原则,相关部门承担次要责任。负责确定分工的部门承担一定责任。

(2)对于已有明确分工的项目按设备分工责任部门承担全部责任。

(3)车辆、设备、设施、器材、装置发生异常状况时,由于处理人员操作不当直接导致发生事故(事件)时,由该处理人员及所属部门承担全部责任。

(4)分公司批准的技术革新、科研项目进行试验时,在规定的试验期内,被试验的项目发生事故(事件),不列为运营责任事故(事件)。但由于违反操作规程以及其他人为因素仍列为责任事故(事件)。

(5)正式投入使用的各种运营设备,发生事故(事件)时,一律列为运营事故(事件)。

(6)事故(事件)全部由一方原因造成,则承担全部责任。当事故(事件)由两方原因造成,但双方推诿扯皮,造成责任难以分清时,可以裁定双方均负有同等责任。

(7)事故(事件)由两方或多方原因造成,当各方责任等同时,则各方承担同等责任。

（8）当事故（事件）由三方以上原因造成，则视各方责任而依次承担主要责任、次要责任、一定责任。在具有非造成事故（事件）直接原因但与事故（事件）发生有着一定关系时，则负有一定责任。

（9）当一起事故（事件）具有多种定性条件时，按事故（事件）性质等级高的定性。

（六）下列事故可列为非责任事故

（1）因自然灾害等原因使设备损坏造成运营事故的。

（2）因人为故意破坏造成运营事故的。

（3）其他经分公司安委会审查，确定可列非责任事故的。

（4）凡隐瞒事故（事件）、弄虚作假、破坏证据等，一经查清，列为该部门或人员全部责任。

（七）运营事故（事件）的处罚原则

（1）对运营事故（事件）责任部门和责任人的处罚按相应考核与奖惩办法执行。

（2）对拖延事故（事件）处理、推脱责任、破坏事故（事件）现场、阻挠事故（事件）调查、隐瞒不报、做伪证、不如实反映情况的责任者及部门加倍处罚；有犯罪嫌疑的，提交司法机关处理。

（3）事故（事件）调查处理小组工作人员调查中不负责任，致使调查工作有重大疏漏或索贿受贿、借机打击报复的，由有关部门给予行政处罚，有犯罪嫌疑的，提交司法机关处理。

（4）火灾事故（事件）以消防部门定性为准，事故（事件）处理比照本规则进行。

（5）安全事故（事件）的损失费用，根据以责论处的原则，原则上应由责任部门和个人承担（包括城市轨道交通外部责任事故/事件）

二、电客车司机作业关键点汇总

（一）出退勤关键点汇总

1. 出勤

（1）看错当日所值乘的交路或出勤时间，导致列车无人值乘。

（2）出勤拿错或忘拿行车备品，导致无法正确联系或无法联系。

（3）出勤时未及时学习最新规定及行车注意事项，尤其是限速命令，导致正线值乘时臆测行车，引发安全事故。

（4）忘记填写出勤状况问询表，导致紧急情况派班室无法确定出勤人员状况。

（5）借到备品后未及时进行相关功能检查，导致使用时无法使用，如对讲机无法通话时，车站紧急联系司机,司机无法得知,引发客伤事故。

(6)借钥匙时没有检查钥匙是否齐全,是否有损坏,导致司机无钥匙状态下行车,遇故障将无法进行处理。

(7)正线没有接行车备品接车,导致司机无备品行车,无法确认安全事项及使用时无备品可用。

2. 退勤

(1)忘记还行车备品,导致误带备品下班,上班司机无备品可用。

(2)没有按规定填写,忘记填写事件报单,或者没有如实反映,存在隐瞒事件真相,导致对事故/事件的调查不彻底、不清晰,造成后续处理的被动。

(3)交接班时,未将注意事项交接清楚,漏传、错传、漏接、错接相关注意事项,导致接班司机不清楚运行情况进行值乘,造成臆测行车。

(二)车厂作业关键点汇总

1. 整备作业

(1)未核对所检列车车底号、停放股道与状态卡是否一致;没报信号楼就检车,导致检错车,或错开列车出厂。

(2)开始检车时未查看车底及两侧有无人员作业,导致列车激活带电时造成人员伤亡。

(3)检查车底时,没有发现挂有禁动牌,有异物侵限,铁鞋未撤,箱盖没盖或没有锁好,导致交叉作业,或非正常动车,造成人员伤亡、设备损坏。

(4)检车时钻车底、跨越地沟,没有注意地板积水摔伤,超出黄线检车,导致人员伤亡。

(5)未发现车底截断塞门位置不正确,铅封破损,导致列车无制动能力情况下出厂。

(6)做制动试验时,未分高断,导致误推手柄时列车动车,造成人员伤亡、设备损坏。

(7)检查司机室没有发现设备柜微动、开关被打下、旁路开关位置不正确等,导致列车非正常状态下出厂。

(8)检查车底不带手电筒、手持电台,导致车底细节没检查到,出现问题无法及时联系厂调。

(9)检查客室时未发现电器柜没有锁好,车门、灭火器等有异常,导致运营时,乘客误碰开关。

(10)检查司机室未确认主风缸压力、蓄电池电压,导致列车无法升弓。

(11)检车完毕没有立即报信号楼;未得到信号楼动车指令即看地面信号动车,未确认道口以及列车两侧是否安全,导致错开列车出厂,造成人员伤亡、设备损坏。

(12)发现车辆问题汇报厂调不及时,造成出库晚点,导致列车正线调整车次。

(13)车厂作业未进行请销点,导致人员伤亡、设备损坏。

2. 调车作业

(1)没有确认天、地、人、灯、岔、路状态便直接动车,导致人员伤亡、设备损坏。

（2）调车作业与信号楼联控不标准造成错接动车指令，导致列车错误行车，引发事故。

（3）动车前、升弓、进出库门没有鸣笛，导致人员伤亡事故。

（4）未执行动车瞭望不间断，导致有异物侵限未发现，造成列车冲突、脱轨等事故。

（5）未在道口前一度停车，导致列车撞人事故。

（6）接近尽头线、禁止信号时没有执行"三、二、一车"限速要求，对标速度过高，导致列车越过禁止信号，冲出尽头线。

（7）调车作业超速行驶，导致人员伤亡、设备损坏。

（8）调车作业过程中聊天、探讨业务、接打电话，待令过程中玩手机、睡觉，导致引发行车安全事故。

（9）调车作业完毕忘记将行车备品带走，导致备品丢失。

（10）调车作业未执行干一钩划一钩，导致臆测调车作业，错误行车。

（11）调车作业未撤除止轮措施开车，导致列车脱轨。

（12）列车停稳后，未做防溜措施，未报信号楼，导致列车溜车造成列车冲突等事故。

3. 出厂作业

（1）看错列车出厂时间，延误发车，导致正线调整车次。

（2）检车完毕，得到信号楼动车指令，未核对进路是否正确，盲目动车，导致错误行车，越过禁止信号或挤岔。

（3）早上检车发现故障未及时报厂调，导致处理时间不足，延误出厂。

（4）在出厂信号机前一度停车，时间已到但信号没有开放，未及时联系行调，导致列车延误出厂。

（5）压道车、非载客列车到正线误开车门，导致非载客列车在站停车进行乘降作业，对正线运营造成较大影响。

（6）正线投入服务的列车，没有按规定打开客室照明，造成无客室照明载客，导致客服投诉。

（7）动车前未确认列车两边、后方，未告知其他人员就动车，导致人员伤亡、设备损坏。

（8）列车出厂时未预想列车进路，信号楼排错进路，司机未发现动车，导致列车错误行车，造成行车安全事故。

（9）出厂未按规定限速，列车尾部未越过出库标志便提速，导致人员伤亡、设备损坏。

4. 回厂作业

（1）回厂动车前未确认信号及道岔位置，导致列车越过禁止信号、挤岔。

（2）进厂时没确认入厂信号机显示，导致列车错误行车，造成行车安全事故。

（3）洗车时未"合"慢行模式；洗车过程中开刮雨器、司机室侧门；洗车结束后未及时"分"慢行模式，导致列车运行超速或速度过低，洗车设备损坏。

（4）洗车时列车尾部未过洗车区域就加速，导致洗车设备损坏。

（5）回厂未报信号楼就动车，导致列车错误行车，造成行车安全事故。

(三)正线作业关键点汇总

(1)精神状态不佳,站台作业流于形式,导致列车夹人夹物动车,错误行车。

(2)急于动车未确认信号,导致列车越过禁止信号。

(3)终点站未开主控误认故障,擅自降级,导致故障扩大。

(4)行调指示在某个信号机前停车待令,信号开放后擅自动车,导致错误行车,引发列车冲突。

(5)未经行调同意擅自切除车载信号运行,导致列车无信号保护行车,引发列车冲突。

(6)开关屏蔽门端门未确认屏蔽门锁闭良好,导致列车进出站时屏蔽门玻璃破碎或无关人员进入轨行区。

(7)站台作业踏空摔伤,导致人员伤亡,无人值乘。

(8)未确认登乘证及员工卡,允许相关人员进入司机室,导致恐怖分子劫持列车。

(9)违规打开屏蔽门端门放人进入轨行区,导致人员侵入运行线路。

(10)车门屏蔽门关闭时行调呼叫司机,司机忙着接听回复,未立岗,导致列车夹人夹物动车。

(11)接到夹人夹物信息未及时处理,导致事件影响扩大。

(12)未确认好车门与屏蔽门之间的空隙动车,导致夹人夹物动车,造成人员伤亡事故。

(13)通道门未关好,运行中打开,导致乘客进入司机室操作列车设备,影响列车运行。

(14)列车进站/离站时开关屏蔽门端门,导致屏蔽门玻璃破碎。

(15)未按辅助线限速运行,导致列车超速,造成安全事故。

(16)列车站台扣车行调没有通知,未主动联系行调造成停站过久,导致影响扩大,发生客服投诉事件。

(17)对标停车精力不集中,导致错过制动时机,引起冲标甚至越站。

(18)小交路折返错开车门,导致乘客错误上车或掉落轨行区。

(19)列车进站没有确认是否有制动力图标,导致列车越站。

(20)未确认屏蔽门、车门状态,未发现屏蔽门没有打开,导致列车在站没有进行乘降作业,造成越站。

(21)车门保持打开的时间过短,乘客未上下完毕就关门,导致列车夹人夹物。

(22)急于进入司机室未看到夹人夹物和站台工作人员的重开门信号,导致列车夹人夹物行车,造成人员伤亡。

(23)行调命令未听清楚,自己臆测命令,盲目行车,导致列车错误行车,造成安全事故。

(24)行调通知列车晚点,司机盲目赶点,缩短站台作业时间,站台作业流于形式,导致夹人夹物动车,引发其他安全事故。

(25)降级动车前未报行调,导致列车越过禁止信号或挤岔。

(26)列车在站台错开车门,导致乘客错误上车或掉落轨行区。

（27）关闭司机室灯时误操作客室照明，导致列车关闭照明，造成客服影响。

三、运营事件、事故案例精选

（一）人身伤亡事故

1. 案例一

（1）事故概况（根据新闻材料整理）

2010年06月23日，国内某城市轨道交通公司司机驾驶列车回厂洗车，缓缓将列车开进洗车库房内，按相关规定清洗列车。司机在洗车过程中，将头和身体探出窗外。随后，头部被机房内的钢铁设备击中，被甩出驾驶舱，落在铁轨上。送至附近医院，经一个多小时的抢救，最终不幸死亡。

（2）原因分析

司机违章操作，未执行洗车作业相关规定，在洗车时未将玻璃窗关好，并将头部伸出列车外是造成这次伤亡事故的主要原因。

（3）事件点评

车辆在调车作业、调试作业、洗车作业、折返作业、信号或车辆故障时的作业是司机的重点作业内容，之所以是重点是因为这些作业过程中存在更大的安全风险，轻者造成列车晚点、设备故障；重者则有可能造成设备损坏和人身伤亡。

该案例中司机安全意识不足，在洗车过程中不能遵照操作规程作业，未能对身边的危险源有充分的认识是酿成这次惨剧的主要原因。通过本案例，我们应提高在工作中对危险作业的认识，提高自我安全意识，避免人身伤害事件的发生。

2. 案例二

（1）事件概况（根据新闻材料整理）

2014年11月6日，国内某城市轨道交通车站，一名女性乘客夹在站台屏蔽门和列车门之间，列车运行后导致女子被带倒。该乘客经医院全力抢救无效后于20时20分死亡。主诊大夫称，女子被送过来时还有心率和呼吸，女子体外没有明显外伤，但有瘀青，身上多处骨折，胸腔严重损伤。

（2）原因分析

由于关门顺序问题，车门关闭导致乘客无法上车后，屏蔽门关闭，又致使乘客无法下车。司机站台作业标准化流于形式，未确认到屏蔽门、车门中间夹人。

（3）事件点评

司机在站台作业时，必须严格执行站台标准化作业，特别是对车门、屏蔽门之间空隙的确认，手指口呼时必须眼到、心到、手到、口到，严禁流于形式而简化站台作业。作业中必须严格执行先开关屏蔽门，再开关车门，防止乘客抢上所引发的后续问题。

启动列车后,注意监听 400M 电台,听到站台岗呼叫时立即紧急停车,按照行调及车站命令进行处理。

(二)列车火灾事故

1. 案例一

(1)事故概况(根据新闻材料整理)

2003 年 2 月 18 日,韩国某城市轨道交通中央路站发生火灾,造成 198 人死亡,147 人受伤,289 人失踪。经调查,火灾是由一金姓男子放火所致。

1079 次列车刚在市中心的中央路车站停住,第 3 节车厢里一名 56 岁的男子就从黑色的手提包里取出一个装满易燃物的绿色塑料罐,并拿出打火机试图点燃。车内的几名乘客立即上前阻止,但这名男子却摆脱阻拦,把塑料罐内的易燃物洒到座椅上,点着火并跑出了车站。

车内起火后,车站的电力系统立刻自动断电,站内一片漆黑,列车门因断电无法打开。车内没有自动灭火装置。正当大火烧起来的时候,1080 次列车驶进车站停稳并自动开门,惊慌失措的司机发现站台有火情后,马上将车门关上,广播通知乘客在车厢内等候。大火迅速蔓延过去,两列车的 12 节车厢全被烈火浓烟包围,列车停稳 1 分钟后,由于车站断电,列车不能继续行驶,司机在没有打开客室门的情况下,关闭主控钥匙逃离现场。

(2)原因分析

人为纵火是事故发生的直接原因。司机在发生火灾时未能及时疏散乘客是造成惨剧的主要原因。车站人员与调度人员信息沟通闭塞,发生事故不能及时做出反应。

(3)事件点评

在 1079 次起火列车进站后,由于控制室及调度室没有收到现场的任何报告,未能及时扣停后续的 1080 次列车进站。而从事后调查来看。在首先起火的 1079 次列车上死亡的乘客只有 6 人,而在后续进站的 1080 次列车上死亡的乘客就有 114 人。从该案例中,我们深刻认识到司机在城市轨道交通安全运营中的重要性,在发生突发情况时司机应该沉着冷静,按处理流程作业。首先应保证乘客的人身安全,其次才是个人安全和设备财产安全。由于 1080 次司机没有尽到司机岗位职责,这种不负责任的行为导致上百人丧生,我们应该从这个惨案中认识到我们工作的重要性和艰巨性,在工作中熟练掌握面对各种突发应急事件的处理能力。

2. 案例二

(1)事故概况(根据新闻材料整理)

2004 年 1 月 5 日国内某城市轨道交通早上发生一宗城市轨道交通车厢人为纵火案,14 名乘客受伤入院,在接受治疗后已全部出院。

5 日早上 9 时 12 分,编号为 T61 的城市轨道交通荃湾线列车由荃湾驶往中环站,当列车行驶至离金钟站约 360m 处,第一节车厢中一名约 50 岁男子,突然点燃随身携带的易燃物体,列车长发现车厢火警后,立即向车务控制中心报告。当列车进入金钟站时,有烟从首节列车冒出。城市轨道交通员工迅速安排列车上的乘客疏散,紧急疏散在9时16分完成,随即将金钟站关闭。疏散乘客数目约有1200人。

(2)原因分析

人为纵火是事故发生的直接原因。

(3)事件点评

此家城市轨道交通公司包括司机与车站人员的处理方式都是值得肯定和学习的。但是凡事都会产生麻痹心理,在事故发生过后的短期内能保持对安全隐患的警惕心理,希望能在长期的生产过程中所有生产人员还能时刻保持忧患意识,杜绝事故的发生。

(三)列车脱轨事故

1. 案例一

(1)事故概况(根据新闻材料整理)

2013年1月8日上午,国内某市轨道公司运营分公司乘务中心司机担任00755次列车(0113号车)值班司机,由大学城南站开往晓东村站。

9时09分,列车行至春融街站至斗南站上行区间百米标DK30+905处时,与轨道左侧侵限防火门体发生碰轧,司机立即采取制动措施,列车滑行后第一辆车第一转向架左侧车轮脱轨,脱轨侵限的第一节车厢车头左侧与该处第一扇人防门门框发生侧面碰撞后,列车车头弹起与第二扇人防门上侧门框发生碰擦,造成司机室车顶上方通风单元坠落,砸在司机的身上,造成司机李某死亡和陈某受轻伤。

(2)原因分析

经事故调查组调查,造成城市轨道交通空载试运行脱轨事故的直接原因为高架与地下隧道过渡段处防火门坠落,侵入行车线路限界。而防火门坠落的原因,初步确定是施工单位没有严格按照施工规范要求进行安装造成的。

(3)事件点评

目前城市轨道交通建设正在国内高速推广,但相应的安全管理体系并不完善,由此产生了一系列安全事故。在其他城市轨道交通调试和运营期间发生的一系列问题我们应该举一反三,认真查找自己的不足,以别人的教训警示自己,认真做好乘务工作,实现安全运营。

2. 案例二

(1)事故概况(根据新闻材料整理)

2011年4月30日8:30左右,国内某城市轨道交通2号线一列由油坊桥开往经天路的列车,在南大仙林站正常上下客后,司机启动了发车按钮,同时由于该站站台门有被挤开的信号,出于安全设计,系统未输出动力。司机随即下车检查异常,但瞬间站台门又迅速复位,列车启动。司机发现列车启动后,立即上车,但在上车过程中,未能站稳,跌落轨行区,头部等部位摔伤。事发后,城市轨道交通运营控制中心启动救援预案,由便乘司机担当该车司机,正常开行列车,未对乘客出行造成影响。车站工作人员拨打 120 急救电话,随后与保安等合力将受伤司机用救护车送往医院组织救治,目前该司机仍在医院救治中。

(2)原因分析

站台门被挤开,因为列车安全设计的原因,系统没有输出动力;但是被挤开的站台门瞬间又迅速复位了,导致列车运行,这是事故的诱发原因。司机安全意识不强,在下车检查时未能将主控手柄拉至快速制动位是事故的主要原因。

(3)事件点评

一个良好的安全意识和一个良好的安全作业习惯是乘务人员所必备的行车要素,没有安全一切都是空谈。在调试甚至运营过程中,列车无法动车事件和列车自行异常启动事件均有发生,面对突发情况我们首先要做的就是人工干预拉停列车,之后再进行处理。在工作中我们同样遇到过类似事件,也许在我们身上没有发生事故,但是侥幸不能避免每一次的事故,希望通过本案例提高大家安全意识,在作业过程中重视安全细节,确保个人人身安全。

3. 案例三

(1)事故概况(根据新闻材料整理)

一列隶属于日本铁道公司的通勤电车,在一处时速限制 70km/h 的急转弯处出轨,冲入距离出轨点 60m 远与轨道距离 6m 的一栋 9 层楼公寓,两节车厢严重扭曲变形,事故列车共搭载约 580 名乘客,死亡人数达 106 名,另 458 人轻重伤,酿成日本铁路史近四十年来最严重的事故。

(2)原因分析

据调查列车在出轨点时速为 100km/h,超出限制速度 70km/h 的要求。超速驾驶是本次事件的主要原因之一。在列车出轨地点,发现有异物残渣。由于此区段经常有附近孩童在轨道上放置石块、铁块等物品,本次事故的原因可能是列车高速行驶过程中压上坚硬物体导致车辆颠覆、脱轨。

(3)事件点评

超速驾驶是所有车辆发生脱轨事故的直接原因,一般城市轨道交通线路弯道数量多,限速要求多,司机在参与正线调试驾驶前应熟练掌握线路信号机、弯道、限速等要求,在值乘过程中严格按限速要求驾驶列车。

(四)人为失误造成事故

1. 案例一

(1)事故概况

2011 年 9 月 27 日,国内某城市轨道交通 10 号线新天地车站电缆孔洞封堵消缺作业,作业人员误碰供电电缆,引发新天地集中站信号设备失电,调度中央 ATS(调度列车自动监控)及区域内车站 HMI(车站列车自动监控)面板黑屏。

此时,交通大学站至南京东路站上下行区段共有 6 列车迫停。14 时 01 分,10 号线

OCC 故障区段调度通过调度电话、CCTV、无线对讲、运行图，与故障区段内列车司机和车站值班员联系进行列车定位，并布置迫停于区间的列车以 RMF（限速向前）方式进站。但故障区段调度最终仅确认了 1026# 车、1011# 车、1033# 车、1012# 车、1032# 车共 5 列车的位置。

14 时 25 分，1005# 车以电话闭塞法在南京东路下行动车，14 时 35 分 1005# 车司机持路票从豫园站发车，14 时 37 分在以 54km/h 的速度行进到豫园站至老西门站下行区间弯道时，司机突然发现前方有列车，随即采取制动措施，但由于惯性仍以 35km/h 速度在百米标 176 处（近老西门车站）与停留的 1016# 车发生追尾碰撞，1005# 车 TC1 车 II 位转向架 2 对轮对掉道，造成运营中断。

（2）原因分析

当值调度员在对故障区段的列车进行定位过程中，遗漏了 1016# 车，在 1016# 车仍停留在区间的情况下实施了电话闭塞法行车，埋下了事故隐患。

当值调度员在意识到 1016# 车仍在豫园站至老西门站区间停留时，未及时采取就地截停 1005# 车的措施，错失了防止事故的时机。

当值调度员之间联系脱节，配合指挥行车的调度员未能协助做好故障区段列车的确认工作。

10 号线 OCC 负责人和调度长在执行电话闭塞法行车工作中，未对非正常情况下运行条件逐一复核，未依据运行图监督调度员的执行情况，做好监控工作。

供电公司未严格落实《施工管理办法》，设备设施维护、隐患排查治理不到位。

车站行车值班员非正常行车作业简化，未能在办理路票环节把住安全关。

（3）事件点评

在发生非正常行车组织情况下，司机应格外提高警觉，在采用电话闭塞法组织行车时，注意路票内容的完整正确，在弯道、车站、终点站等关键地点运行时注意严格控制速度，发现异常立即停车。

2. 案例二

（1）事件概况

2001 年某日，司机驾驶列车在宝山路至上海火车站下行区间时，发现外来人员入侵城市轨道交通线路，司机紧急制动停车后，打开司机室门探头查看，没有发现伤者后，驾驶列车离开事发现场。列车到达上海火车站下行后，司机报告调度，调度通知处置人员到达现场查看后发现一名外来人员身亡。构成路外伤亡事故。

（2）原因分析

由于事发线路处于长大弯坡道，造成司机无法及时瞭望前方线路，因此当司机发现外来人员侵入城市轨道交通线路时，虽然及时采取紧急制动措施，但由于列车制动距离不足，造成外来人员身亡，因此列车司机应负次要责任。司机停车后，由于恐惧心理，因此在预计到发生道床伤亡事故的可能后，没有汇报调度下车查看，而是草率处理，擅自驾驶列车离开事发现场。从而可能对原本只伤不死的伤者和躲过一劫的侵限人员造成二次碾压。

（3）事件点评

城市轨道交通弯道线路是运营过程中事故多发地点，司机在行车过程中应做好充分预想，按规定速度驾驶，在遇到外来人员侵限、卧轨等情况时沉着冷静，按处理程序进行处理。

司机在驾驶列车过程中应认真瞭望前方线路，发现危及行车安全时及时采取紧急制动措施；在区间发生道床伤亡事故时应按规定处理，得到调度同意后下车确认侵限人员位置，并采取措施抢救伤者。

3. 案例三

（1）事件概况

2008年某日，国内某市城市轨道交通309号车司机在石龙路停车库内运行时收发短消息，当司机发现列车距离止挡还有3m左右时，采取紧急制动措施，但此时列车制动距离不足，并以5km/h速度冲撞止挡，造成列车骑上止挡。构成调车冲突事故。司机发现后没有立即汇报运转值班员而擅自后退列车，造成列车下止挡时脱轨，车体落在钢轨上，构成二次事故。

（2）原因分析

司机在驾驶列车过程中没有认真瞭望前方线路，注意力被手机分散，等回过神后虽然采取制动措施，但列车已经失去制动距离最终撞上止挡。因此司机对调车冲突事故应负全部责任。列车在冲撞止挡后，车轮爬上止挡轮缘悬空。此时列车司机失去冷静，急于掩盖事实，盲目倒车，使爬上止挡的车轮轮缘落下时随着列车向后移动的过程中向外偏离线路中心线，最终造成列车脱轨，产生二次事故。因此司机对二次事故应负全部责任。

（3）事件点评

司机在驾驶列车过程中应集中注意力，认真瞭望前方线路，不得做与行车无关的事。列车在接近线路终端时，严格控制速度。司机在发生行车事故后应立即停车，停车后不得擅自动车，保持冷静并迅速上报事故，等专业人员确认后，听从专业人员指挥动车，切忌失去冷静，急于掩盖事故而私自处理造成事故后果扩大或发生二次事故。

4. 案例四

（1）事件概况

2014年8月14日，司机值乘11209次（0116车）以自动折返模式运行至始发站下行站台作业完毕，司机关门后列车产生FSB，4个电机（ICU）显示黄点，司机复位2次MVB均无法动车。因耗时较长，行调组织该次列车清客救援，救援过程中因司机程序混乱，造成救援时间过长。从故障发生至行调发布救援命令，故障处理共用时9min；从行调发布救援命令至动车共用时14min；从救援动车至入场信号机前共用时6min；入场至库内停妥共用时11min。

（2）原因分析

①司机心理素质较差，故障处理业务薄弱，与行调联系频繁，最终耗时较多。

②在行调发布救援命令时,司机向行调申请尝试紧急牵引动车,在操作中未能发现该车停放制动在施加位,导致紧急牵引动车失败,未能避免救援程序。

③救援程序混乱,不能有效地抓住现场关键点。

④司机处理故障过程中思路不清晰,未严格按照故障处理指南的指引操作。

⑤司机对连挂成功判断不够清晰,造成救援车压钩3次。

⑥司机未能利用司机室对讲与故障车联系。

⑦连挂时没有及时联控,造成等待时间过长。

(3)事件点评

本次事件由于司机业务不熟,造成处理时间过长,需加强司机故障处理的培训力度,重点培养司机遇多系统故障的判断能力及处理的条理性,而不是盲目无规律的尝试处理;注意培养司机单独作业的意识,杜绝交叉作业;司机在处理故障前,必须认真确认"三灯、两屏、一柜"的状态;在故障处理的过程中,处理步骤要有条不紊,严禁交叉操作,避免故障扩大化。

第七章　故障处理及救援

> **岗位应知应会**
>
> 1. 熟练掌握电客车故障处理程序。
> 2. 精通掌握电客车救援程序。
>
> **重难点**
>
> 重点：电客车救援故障车及救援车操作程序。
> 难点：车门类故障，牵引类故障和制动类及信号类故障处理程序。

故障处理是城市轨道交通电客车司机行车必备技能，是城市轨道交通电客车司机正线突发故障恢复正常运行的法宝；熟练掌握故障处理可以让城市轨道交通电客车司机尽可能减少人为失误，防止事故事件的扩大化。

一、故障处理

（一）故障处理的思路

对于故障处理来说，主要遵循以下思路：

（1）收集故障现象，检查"三灯两屏一柜"（三灯是指车门灯、牵引类灯、制动类灯，两屏是指信号屏、车辆屏，一柜是指司机室设备柜），判断并确定故障发生的原因，整理处理思路。

（2）信息汇报及客服工作，汇报要做到简明扼要，客服要及时准确。

（3）司机在处理时，要把握安全点、关键点，按照相应处理步骤，操作列车设备需手指口呼。

（4）动车前要确认好行车凭证，防止无凭证盲目动车，造成行车事故事件。

（二）车辆故障的分类

车辆故障产生因素按照车辆设备类型，大体可以分为车门类故障、牵引类故障和制动类故障以及其他类故障。

1. 车门类故障

（1）单个车门故障

处理办法：

①故障出现于区间,若列车运行未受影响,确认全部车门关好,则继续运行至下一站后处理。若列车受影响区间停车,前往切除故障车门后继续运营。

②故障出现于站台,重新开关车门,若故障消失,则继续运营。若故障未恢复,则切除故障车门后继续运营。

③若车门无法切除或切除后无法动车,则报告行调派人监控该车门,合门关好旁路开关,运行至就近站清客退出服务。

切除车门三步骤：

①使车门关闭:可采用电动或手动方式关闭车门。

②用方孔钥匙转动隔离开关,打至"隔离"位。

③用手推门页,确认车门无法打开。

（2）对标停车后整列车单侧车门无法打开

处理办法：

①检查车门控制微动开关是否跳闸,若跳闸则恢复,继续运营。

②若未跳闸,则转换车门操作模式开关至手动开关门模式,按压开门按钮尝试开门,正常则继续运营。

③若无效,则降级尝试开门,成功则恢复正常模式运营。

④若仍不能打开,则将车门控制模式开关打至网络位,再次尝试开门,成功则继续运营。

⑤若仍无效,则闭合门零速旁路开关,再次尝试开门,成功则继续运营。若无效则手动解锁车门,清客退出服务。

（3）车门关闭后,关门指示灯不亮

处理办法：

①按灯测试按钮,若灯测试不亮,确认车辆屏上无其他故障信息,继续运营。

②若灯测试亮,重新开关门一次,恢复正常则继续运营。

③若故障未恢复,且ATO模式可以动车,则继续运营。

④若故障未恢复,且ATO模式无法动车,则合门关好旁路开关,报行调根据其指示运行。

（4）整列车单侧车门不能关闭

处理办法：

①尝试按压司机台上的备用关门按钮及重关门按钮,若车门关好,继续运营。

②若车门不能关闭,则降级尝试关门,若成功则继续运营。

③若车门仍不能关闭,则将车门控制模式开关打至网络位,再次尝试关门。若成功则继续运营;否则清客,分断两端司机室内的车门控制微动开关,车门关闭后合门关好旁路开关,退出服务。

2. 牵引类故障

(1) 牵引电机故障

处理办法：

①1个牵引电机故障

首先分合一次高速断路器,若故障未消失,到前方终点站分合相应牵引控制微动开关。若成功则继续运营,否则在终点站退出服务。

②2个及以上牵引电机故障

首先分合一次高速断路器,若故障消失则继续运营。若故障未消失,复位一次多功能车辆总线,若复位后故障消失则继续运行。若仍有1～2个电机故障,则运行至就近站退出服务。若有3个及以上牵引电机故障,合紧急牵引至就近站退出服务。

(2) NRM模式下车辆屏无任何故障信息显示,整列车无法牵引

处理办法：

①主控手柄回零后再次尝试牵引,如故障消失,继续运行。

②如故障依然存在,则申请采用紧急牵引模式动车。如无效,请求救援。

(3) 高速断路器闭合指示灯不亮（按灯测试确认指示灯正常）

处理办法：

①检查车辆屏上高速断路器的状态,若高速断路器没有闭合,在站内重新分合一次,如故障消除则继续运行。

②如故障未消除,有1个高速断路器没有闭合,继续运营,运行至终点站检查相应B车高速断路器控制微动开关或C车高速断路器控制微动开关的状态,如有跳闸则闭合,成功则继续运营,否则退出服务。若有2个高速断路器没有闭合,运行至就近站退出服务。若有3～4个高速断路器没有闭合,则启用紧急牵引至就近站退出服务。

3. 制动类故障

(1) NRM模式下紧急制动

处理办法：

①检查车辆屏显示信息及司机台状态指示灯及风压表,无异常则重新牵引,若紧急制动消失,继续运营。

②若有相关故障信息指示,则对相应系统进行检查和应急（如旁路）处理后,再尝试动车。

③若不能动车,合紧急牵引,在本站退出服务。

(2) 紧急牵引模式下无法动车

处理办法：

①若显示紧急制动,缓解紧急制动后重新建立紧急牵引模式。

②若车辆屏未显示紧急制动,则重复紧急牵引操作步骤,尝试动车。

③如果4个牵引图标全部显示红色,则根据实际情况复位2～4个牵引控制微动开关,重新尝试紧急牵引。

④如故障仍未消失,分合列车激活开关重启列车,本站退出服务。如无效,请求救援。

(3)车辆屏显示2个受电弓降下,产生紧急制动

处理办法:

①检查车辆屏网压是否正常,若网压正常,重新按压受电弓升弓按钮,若故障消除,继续运营,否则就近站退出服务。

②若网压不正常,检查司机室占有端紧急停车按钮是否被按下,若按下复位后尝试重新升弓,正常后继续运营。

③若紧急停车按钮未被按下,检查确认占有端A车受电弓控制微动开关及两端B车受电弓控制微动开关是否跳闸,若跳闸则闭合,闭合后重新按压升弓按钮,若正常则继续运营。否则合升弓允许旁路开关,重新按压升弓按钮,若网压正常,就近站退出服务。若受电弓仍不能升起,请求救援。

(4)气制动显示黄点或红点

处理办法:

①从车辆屏制动系统图标进入制动系统菜单检查确认哪个制动单元存在故障。

②如果列车能够正常缓解、牵引和制动,则继续运营,到前方终点站后,分合相应车制动系统的微动开关,A车智能阀网关阀,B车的智能阀,C车智能阀网关阀。

③若列车不能正常动车,则切除相应车的转向架截断塞门动车。

④若气制动仍不能缓解,则合所有制动旁路开关在本站或下一站清客后,打紧急牵引就近存车线停放。

(5)停放制动缓解灯不亮

处理办法:

①按灯测试开关,停放制动缓解灯不亮,若车辆屏上所有停放制动状态图标均显示为缓解状态,继续运营。

②若试灯亮且车辆屏上部分停放制动状态图标显示为"P"施加状态,则重新施加、缓解停放制动,继续运营。

③如无效则合停放制动缓解旁路,尝试动车,本站或下一站清客后退出服务。

(6)停放制动缓解灯亮,车辆屏显示停放制动状态显示为"P"

处理办法:

①合停放制动缓解旁路,限速运行到本站或下一站清客退出服务。

②合停放制动缓解旁路后,仍无效则打紧急牵引退出服务。

4. 其他类故障

(1)车辆屏黑屏、卡滞、车辆屏触摸无反应

处理办法:

检查司机室继电器柜的车辆屏控制开关,如果跳闸则闭合;如未跳闸分合一次微动开关,如故障消除,继续运营。如黑屏无法恢复,本站退出服务。

(2)整列车广播故障

处理办法：

①半自动广播故障，人工广播正常，分合司机室继电器柜内音频控制系统单元微动开关，若故障消失则继续运营。若故障无法消除或反复出现，则采用人工广播继续运营。

②半自动广播及人工广播均故障，分合司机室继电器柜内音频控制系统单元微动开关，若故障消失则继续运营。若故障依然存在，则关闭故障端司机室继电器柜内音频控制系统单元微动开关，运行到终点站退出服务。

(3)空压机故障

处理办法：

①1个空压机故障时：到前方终点站后检查相应C车继电器柜压缩机控制微动开关是否跳闸，若跳闸则闭合。若无跳闸或者闭合不成功，则在终点站退出服务。

②2个空压机故障时：列车未产生紧急制动，重新分合2个C车的压缩机微动开关，分合成功则继续运营；分合不成功，观察气压表，若大于700kpa并且气压能持续上升，则到前方终点站退出服务。否则本站或者下一站清客退出服务。

(4)辅助系统故障

处理办法：

①1个辅助逆变器故障：终点站分合相应辅助逆变器微动开关，如果故障消失则继续运营，否则退出服务。

②2个辅助逆变器故障：分合相应辅助逆变器微动开关，如果至少有1个辅助逆变器故障消失则继续运营至终点站。否则列车维持进站，退出服务。

(三)信号故障处理程序

信号故障大致分为列车定位丢失，通信中断，无法建立信号模式等。

1. 无法建立点式ATP或点式ATP不可用

处理办法：

(1)检查列车门关好灯是否已点亮。若门关好灯未点亮，按压对应侧关门按钮，若恢复则正常运行。

(2)若无法恢复则检查门旁路开关是否在正常位置。若不在正常位置则将门旁路开关恢复至正常位置。

(3)若在正常位置或恢复后无效则确认安全后降级动车，信号屏显示模式可用后，恢复正常模式运行。

(4)如果无可用模式，则切除车载信号以NRM模式动车。

2. 信号屏显示通信中断、列车无法定位

处理办法：

(1)列车在站台重启CC时，须将车门保持打开状态，切除车载信号，分合车载信号微动开关。如列车进站前出现 CC 故障且须重启 CC 时,列车以 NRM 模式进站后操作。

(2)以 NRM 模式运行至下一站,在站台以 NRM 模式完成开关门作业之后将模式开关 2 转至 NOR,并缓解紧急制动。

(3)此时如信号屏提示点式 ATP、ATP 或 ATO 模式可用,则由司机根据可用模式将模式开关转至相应位置后行车。

(4)如仅有 RM 模式可用,则建议继续以 NRM 运行至下一站,并重复第(2)、(3)条步骤处理。

3. 列车定位丢失

处理办法:

定位丢失后,司机按行调命令降级运行,读取 2 个连续的静态信标(2 个静态信标间无道岔)后,可重新建立定位,待定位建立且驾驶模式显示区显示信号模式可用后司机将驾驶模式转至最高可用模式运行。

4. 信号屏故障(信号屏闪烁、卡屏或黑屏)

处理办法:

运行至站台后单独重启信号屏控制微动开关。如果重启之后,仍没有恢复正常,重启 CC。

5.ATB 折返失败处理流程

处理办法:

列车在自动折返过程中,司机台操纵权在进折返线端,牵引列车至折返线停稳后,推进列车驶出折返线,至站台停稳。若列车在自动折返过程中出现异常停车时,说明自动折返失败,这就需要司机去破坏折返。首先将进折返线端的驾驶模式由 ATB 位转到 RM 位,此时车辆屏黑屏说明破坏折返成功,司机台操纵权将自动移交到另一端,至另一端凭可用模式动车。若车辆屏未黑屏,则需要重启进折返端 CC,此时若列车未至折返线停稳,则以 NRM 模式动车;若列车驶出折返线则至另一端以 RM 模式动车。需要注意的是破坏折返成功之后记得恢复所有开关至正常模式。

二、救援程序及注意事项

(一)救援目的

因城市轨道交通大多采用双线单方向运行,若列车在正线因故障处理后仍无法动车,会直接导致整条线路的行车堵塞,造成城市轨道交通运营晚点和客流积压,甚至会影响到整个线网的运营秩序。如何高效地恢复行车秩序,是有效开展列车救援工作的根本目的。

(二)救援方式

(1)从救援的类型划分,可分为工程车救援和电客车救援 2 类,由于工程车救援会打乱正常的行车组织且效率较低,原则上采用电客车救援。

(2)从救援形式来分,可分为推进救援和牵引救援2类。列车救援一般遵循正向救援的准则,多采用推进救援,以确保其他正线列车正常运行。

(三)救援程序

1. 救援车司机作业程序

(1)接到行调的救援指令后,到达指定车站通知车站派人协助清客。

(2)清客完毕,与行调确认救援列车车次、故障列车停留位置、救援方式、目的地、驾驶模式、动车凭证、限速要求,并简要记录命令内容。

(3)按行调要求切除ATP以NRM模式,确认行调命令限速25km/h动车。

(4)运行到距故障车15m处一度停车,鸣笛,听到故障车鸣笛回示后,确认安全限速5km/h运行。

(5)到距故障车1m处一度停车。

(6)确认故障车司机连挂指令连挂。

(7)限速3km/h进行连挂。

(8)连挂后,听从故障车司机指挥试拉。

(9)试拉完毕后,打拖动模式开关。

(10)与故障车司机确认目的地、行车凭证、救援方式等注意事项。

(11)听从故障列车司机指挥(用语为:故障列车制动全部已缓解,前方进路安全,信号已开放,可以推进)并复诵。

(12)动车限速25km/h推进运行。(牵引救援时限速30km/h)

(13)途中加强与故障列车司机联系(优先司机室对讲),发现异常立即紧急停车。

(14)若故障车要清客时,听从故障车司机的指挥准确对标停车,提醒并确认故障车已施加停车制动,通知故障车可以开门清客,等清客完后按其指示动车。

(15)推进进入存车线或折返线时,限速15km/h。

(16)听从故障车司机的指挥按"三、二、一车"的限速要求推进故障车对标停车。

(17)确认故障列车在规定位置停稳,确认故障车已做好防溜,并得到故障车司机通知解钩后复诵,并按压解钩按钮解钩。

(18)解钩后缓解停放制动,并离钩。

(19)报告行调,按行调的指示恢复设备,继续投入正线运营。

2. 故障车司机作业程序

(1)当行调决定救援时,司机报告行调列车具体位置(上/下行线、车站、区间、百米标),并向行调确认救援列车来车方向、救援方式、目的地、动车凭证等。

(2)列车在站台故障时,通知车站派人协助清客。清客完毕凭车站"好了"信号关门(若在区间则广播安抚乘客,救援运行进站,做好防溜后,进行清客)。

（3）切除司机室的 ATP（运行头端）。

（4）施加停放制动,关主控钥匙,保留连挂端转向架截断塞门（以下简称转向架截断塞门）,切除剩余车的转向架截断塞门。

（5）到达连挂端,开主控钥匙,确认停放制动施加,并将连挂端方向手柄推至向前位（目的是为故障车做好防护,并提醒救援车司机注意停车）,等候救援列车。

（6）救援列车 15m 外停车,听到救援车鸣笛,将方向手柄回零,并鸣笛回示。

（7）救援列车 1m 外停车,确认故障列车做好防溜,指挥救援车连挂（标准用语:故障列车已做好防溜,可以连挂）,手持台故障时用对讲机或手信号指挥连挂。

（8）连挂完毕后,指挥试拉。

（9）试拉完毕,关钥匙,切除剩余 A 车的转向架截断塞门。

（10）迅速跑到另一端司机室,开钥匙。将方向手柄推向前,与救援列车司机确认目的地、动车凭证等注意事项以及行调命令。

（11）确认进路、道岔正确、信号已开放,满足动车条件后。指挥救援列车司机动车（用语为:故障列车制动全部已缓解,前方进路安全,信号已开放可以推进）。

（12）在运行中加强瞭望,与救援司机不间断地联系。如遇异常情况立即通知救援列车司机。

（13）发现紧急情况立即按压紧急停车按钮停车,并通知救援司机。

（14）进入存车线限速 15km/h,指挥救援列车司机按照"三、二、一车"的限速要求进行对标,并报详细距离指挥救援司机对标停车。

（15）确认对标停稳后,施加停放制动,恢复就近端 A 车转向架截断塞门。

（16）通知救援司机解钩,（标准用语:故障车已做好防溜,可以解钩）并离钩。

（17）解钩完毕后恢复所有车的转向架截断塞门,报行调,按其指示执行。

（四）救援注意事项

（1）救援模式为 NRM 模式,推进救援限速 25km/h,牵引救援限速 30km/h,辅助线限速 15km/h。

（2）连挂后解钩灯亮,操作任一司机室的停放制动按钮（除故障车连挂端）对 2 列车有效,救援车连挂端打拖动模式（列车增大牵引力）后,操作任一司机室的紧急停车按钮对 2 列车有效。

（3）列车推进运行时,前方进路由故障车司机进行瞭望,所以救援车司机与故障车司机要加强联控,联控用语:"进路安全、信号开放、推进、坡道、距前方车站 300m\200m\ 站名标、三车、两车、一车、10m、5m、减速、停车",运行期间不间断联控,联控中断立即停车。

（4）列车推进运行至前方站清客前,故障车司机须先施加停放制动,防止救援车司机误动车。

第八章　电客车司机应急处理

> **岗位应知应会**
>
> 1. 熟练掌握应急处理原则。
> 2. 精通掌握行车应急类、安全应急类处理程序。
>
> **重难点**
>
> 重点：应急处理原则，车门/屏蔽门夹人夹物应急处理程序，乘客按压列车报警按钮应急处理程序，接触网停电应急处理程序，区间乘客疏散应急处理程序，线路积水（区间水淹）应急处理程序。
>
> 难点：安全应急类处理程序。

一、应急处理原则

突发公共应急事件是指不定时间、不定地点的发生影响城市轨道交通列车安全运行的突发性事件，因其影响性与突发性，电客车司机需具备良好的心理素质及面对各类突发公共应急事件时的基本处理思路。

（一）进站

主要指不管遇到何种突发事件，司机必须想方设法维持列车进站处理，只有列车进站处理，乘客才能在司机和车站人员帮助下安全妥当处理，进站救人是应对所有列车突发事件应急处理的首要原则。

（二）开门

是指凡列车停在站台（含列车完全停准、部分车厢在站台、对标不准等）遇到突发事件时，第一时间按照规定打开车门。

（三）广播

指遇突发事件，司机广播（使用紧急广播或者人工广播）对安抚乘客、指示乘客自救等有重要作用。打开车门进行清客或疏散时，必须用广播安抚乘客。

(四)清客(或疏散)

遇列车火灾、列车爆炸、列车危险化学品泄漏、毒气袭击、列车劫持人质等突发公共应急事件,危及乘客安全时,司机应该第一时间决定进行清客或疏散。

"进站、开门、广播、清客"8字诀顺序不能颠倒,环环相扣,如遇区间列车火灾、爆炸等造成列车不能进站时,司机可以先打开疏散平台侧的车门,广播引导乘客疏散,再报行调。

二、行车应急类

(一)屏蔽门故障处理程序

1. 单个/多对屏蔽门不能开门应急处理程序

(1)发现单个/多对屏蔽门不能正常开启时,使用客室广播通知乘客从开启的屏蔽门下车。同时通知车站人员,报告行调。

(2)乘客上下完毕,司机凭车站"好了"信号确认屏蔽门故障处理完毕后关门动车。

(3)后续列车限速进出车站。

2. 单个/多对屏蔽门不能关门应急处理程序

(1)发现单个或多对屏蔽门不能关闭时,立即通知车站派人员前往协助,并报告行调。

(2)乘客上下完毕,司机凭车站"好了"信号关闭车门。在收到速度码后,限速25km/h驾驶列车出站。

(3)如未收到速度码,按照行调指示处理。

3. 某侧站台所有屏蔽门不能开门应急处理程序

(1)发现所有屏蔽门不能开门时,尝试操作PSL开门,若仍不能开门则立即通知车站,由车站人员负责打开屏蔽门,并报告行调。

(2)使用客室广播通知乘客从开启的屏蔽门下车。乘客上下完毕,司机凭车站"好了"信号关闭车门。在收到速度码后,以正常模式驾驶列车出站。

(3)若收不到速度码,按照行调指示处理。

4. 某侧站台所有屏蔽门不能关门应急处理程序

(1)发现所有屏蔽门不能关闭时,尝试操作PSL关门,若仍不能关门则立即通知车站员工前往协助处理,并报告行调。

(2)乘客上下完毕,司机凭车站"好了"信号关闭车门。在收到速度码后,限速25km/h驾驶列车出站。若收不到速度码,按照行调指示处理。

(3)屏蔽门故障未修复时,后续列车鸣笛进站,并限速25km/h进出车站。

(二)车门/屏蔽门夹人夹物应急处理程序

1. 屏蔽门夹人夹物应急处理程序

(1)司机在车站动车前必须注意观察站台情况和监听对讲机,发现站台异常或站台岗要求停车时,马上紧急停车并播放临时停车广播,列车未启动时,重新打开屏蔽门、客车车门。

(2)司机待人或物撤离后,凭站台人员"好了"信号,关闭车门和屏蔽门,并报告行调。确认车门、屏蔽门正常且屏蔽门和车门之间空隙安全后动车。

2. 车门夹人夹物应急处理程序

(1)列车产生不明原因紧急制动后汇报行调(如运行中获知夹人或夹物信息应立即停车)。

(2)接到车站或行调有关夹人夹物处理指示后确认具体位置,做好乘客安抚广播。

(3)携带手持台前往现场采用单个车门紧急解锁方式处理(解锁前要确保附近乘客的安全)。

(4)处理完毕,恢复车门,汇报行调,凭行调指令动车。

(5)如运行途中,乘客按压客室报警按钮,播放客室广播安抚乘客。

3. 屏蔽门、车门之间夹人夹物应急处理程序

(1)立即紧急停车并播放临时停车广播。

(2)列车未启动时,重新打开屏蔽门、客车车门。

(3)确认站台显示"好了"信号,关闭屏蔽门、车门,并报告行调。

(4)列车停下后,如列车头部已离开站台,报行调及车站,并按照行调及车站的指挥进行处理。

(三)乘客按压列车报警按钮应急处理程序

(1)接到乘客报警信息,确认报警位置,通过对讲与报警与乘客进行通话。

(2)报告行调出现的情况,进站前通知车站协助。

(3)如列车在站未动车时,立即打开车门、屏蔽门,通知站台现场确认、处理。

(4)凭站台"好了"信号动车后报行调。

(5)如列车刚动车未出清站台时,立即停车,与乘客通话了解现场情况,并报告行调。

(四)乘客紧急解锁车门应急处理程序

(1)发现车门紧急解锁信息。

(2)如果列车产生紧制/全常用制动,报行调,播放广播安抚乘客,做好列车防护并前往故障车门确认处理。

(3)处理完毕回司机室动车并报行调。

(4)如果列车无紧制,维持列车进站后进行现场处理,将现场情况报行调,沿途加强监控并解锁车门。

（五）站台区域物品影响行车应急处理程序

（1）发现线路上有侵限物品,视现场情况采取紧急停车措施。

（2）广播安抚乘客。

（3）若在异物前停车,司机在停车后严禁动车,将情况报告行调,按行调的指示执行。

（4）若列车已越过异物,报行调及通知车站协助,按行调的指示执行。

（六）乘客擅自进入隧道应急处理程序

（1）发现有人在隧道时,视现场情况采取紧急停车措施,报行调并做好广播,安抚乘客。

（2）加强与行调、车站的沟通。

（3）添乘人员上车后,按行调要求限速驾驶。

（4）加强对事发区间的瞭望。

（七）电客车撞人/压人应急处理程序

（1）发现撞人,立即紧急停车,报告行调,做好乘客广播。

（2）接到行调清客命令,做好乘客清客广播和列车清客工作。

（3）听从现场指挥指示,未经允许严禁动车。

（4）处理完毕后,按行调指示办理。

（八）列车正线挤岔应急处理程序

（1）发现列车挤岔后,立即停车,报行调,严禁擅自动车,做好乘客安抚工作。

（2）根据行调命令检查现场情况。

（3）报行调按行调命令执行。

（4）配合相关部门进行救援工作。

（九）区间乘客疏散应急处理程序

1. 非紧急情况下的区间乘客疏散

（1）与行调确认疏散方向后,待车站人员到达隧道列车停车位置,加强与车站人员沟通。

（2）手动解锁疏散平台侧的运行端司机室后第一个可连接疏散平台的车门,广播引导乘客往指定方向疏散。疏散完毕后,确认车厢内无乘客遗留,报行调,按行调命令执行。

2. 紧急情况下的区间乘客疏散（火灾、毒气等突发事件）

（1）与行调共同确认疏散方向,降弓、施加停放制动,得到区间疏散命令后,立即打开疏散平台侧车门,利用车载广播组织乘客从疏散平台疏散。

(2)乘客疏散完毕后,报行调,按行调命令执行。

(十)正线接触网故障应急处理程序

(1)发现接触网设备状态异常或列车在站台区域运行时发生连续拉弧:立即向行调报告具体位置和情况。

(2)发现车站接触网汇流排下垂或水平腕臂折断时:立即采取措施紧急停车,并向行调汇报具体位置和发现情况。

(十一)列车冲突应急处理程序

(1)司机立即拍紧急停车按钮,严禁动车,广播安抚乘客。

(2)司机报告行调(需要疏散乘客时,按行调指令执行)(车厂内报告车厂调度员)。

(3)确认有无人员伤亡。

(4)确认事故现场是否影响其他线路,做好线路及列车的防护。

(5)保护现场,坚守岗位,当现场负责人到来时,听从其指挥。

(十二)车站区域发现接触网附近有异物应急处理程序

(1)列车进站时,发现前方进路接触网上有异物时,立即停车并报行调。

(2)若列车停在异物前,报告行调和车站,听从行调指挥。

(3)若列车部分越过异物(判断前端受电弓是否已越过异物),且网压显示正常的,听从行调的指挥,限速5km/h越过。

(4)若列车已越过异物,网压显示不正常的或有其他异常情况的,停车后报行调,按行调指示执行。

(十三)接触网停电应急处理程序

1. 正线载客列车应急处理程序

(1)尽量维持列车进站。

(2)进站后打开屏蔽门、车门,报行调,按行调指示执行(与行调沟通)。

(3)如果列车一部分停在站内或全部停在隧道内且无法维持进站,司机应:立即报告行调。人工打开靠站台区能够对应的车门、屏蔽门(应急门),组织乘客下车清客。若全部停在隧道内,司机播放广播安抚乘客。按照行调的指示执行,如需区间疏散乘客按区间乘客疏散程序执行。

2. 非载客列车

(1)非载客列车遇正线接触网停电时,司机立即紧急停车,报告行调。

(2)司机按行调指示执行。

3. 车厂内发生电客车遇接触网停电(未降弓)时

(1)司机立即紧急停车,报告厂调。

(2)按厂调指示执行。

(十四)列车车厢内乘客骚乱应急处理程序

1. 列车区间运行时的处理

(1)列车在区间运行时发生乘客恐慌引发骚乱时,司机要尽可能维持列车进站。

(2)列车因故障或特殊原因在区间无法动车时,司机广播安抚乘客并报行调,按其指示执行。如车厢内乘客骚乱情况较严重或乘客已解锁车门,立即报行调,司机及车站按行调命令执行。

(3)当行调要求越站时,司机及车站需做好乘客广播安抚工作。

2. 列车进站能够对标停车时的处理

司机立即打开车门、屏蔽门,报行调,按行调命令执行,若行调要求清客时,播放清客广播,并通知车站人员协助清客。

(十五)广播安抚乘客相关要求(广播时机及内容见表8-1)

广播时机及内容 表8-1

列车位置及广播时机		人工广播内容
事发列车在区间	列车可动车	尊敬的各位乘客,列车即将进站,请您不要惊慌,多谢合作
	列车无法动车	尊敬的各位乘客,列车因故临时停车,请乘客不要惊慌,不要打开车门,有情况请通过车门处紧急通话装置与司机联系,多谢合作
事发列车部分车厢未进入站台区域	需乘客自行打开车门、屏蔽门时	尊敬的各位乘客,车门屏蔽门因故不能打开,请您手动解锁站台区域内的车门、屏蔽门自行离开车厢,不便之处,敬请原谅
列车越站时司机应广播安抚乘客		尊敬的各位乘客,列车因故将在本站不停站通过,请有需要的乘客在其他车站下车,不便之处,敬请原谅

(十六)线路积水(区间水淹)应急处理程序

(1)发现区间防水管漏水、地面水灌入及不明原因积水时要立即向行调报告。

(2)首发司机根据水势和消防水管是否明显移位等情况,确认是否可以通过(积水区段行车按行调要求执行。列车进入积水区间的速度规定:当积水浸到轨底时,该区段限速25km/h。当积水浸到轨腰时,该区段限速15km/h。当积水漫过轨面时,原则上列车不准通过积水段。若必须通过时,须限速5km/h)。

(3)后续列车按限速要求通过,并确认消防水管状态、漏水量和区间线路纵断面最低处积水情况。

(4)遇区间停车时,及时播放车厢广播安抚乘客。

(5)抢险完毕后,恢复正常的驾驶模式行车。

三、安全应急类

（一）车站火灾（爆炸）应急处理程序

（1）接行调命令,不停站通过,停站列车立即关门动车。
（2）做好乘客广播,根据行调命令运行。

（二）列车区间火灾（爆炸）应急处理程序

（1）不影响列车正常运行,则报行调,广播安抚乘客,维持列车进站,到站后正常开门,确认无异常,按行调指示继续运行。若有异常,则按行调指示疏散乘客,并降弓做好列车防护。
（2）若影响列车运行,则与行调共同确认疏散方向,降弓、施加停放制动,得到区间疏散命令后,立即打开疏散平台侧车门,利用车载广播组织乘客从疏散平台疏散。乘客疏散完毕后,若火势不可控制时,立即关主控,跟随乘客疏散。
（3）后续司机发现前方列车发生区间火灾时,立即停车,向行调报告,按行调指示行车。

（三）可燃气体泄漏司机应急处理程序

（1）接到前方车站发生燃气／液体泄漏通知后,执行行调命令扣车或不停站通过事故车站,同时注意做好乘客广播。
（2）按行调命令运行。

（四）发现可疑物品应急处理程序

（1）收到乘客报警信息后,通过对讲机向现场乘客了解情况,报告行调。
（2）运行到前方车站后,通知车站派人到现场确认。
（3）确认列车上有可疑物品后,报行调,协助车站处理。
（4）凭站台"好了"信号关门动车,报行调。

（五）乘客（车站内／列车上）纠纷应急处理程序

（1）发现列车上乘客纠纷时,立即报告行调。
（2）到站后,打开车门、屏蔽门,通知站台处理,播放临时停车广播。
（3）处理完毕后,凭站台"好了"信号关门动车,报行调。

（六）车站／列车发生劫持人质事件应急处理程序

（1）当司机被劫持时,尽量将歹徒引离司机室较远的地方。
（2）当被迫驾驶时,如在站则人为设置故障导致不能动车,如按紧停,分高端,施加停放等。并采取长时间按压对讲设备（对讲机、手持台）以将对话传出。

(3)若在区间时则尽量维持列车进站。

(七)有毒动物、昆虫进入车站应急处理程序

发现有毒动物、昆虫进入列车时,立即报告行调,按照行调指令处理。

(八)轨道故障和设备不良应急处理程序

(1)发现列车出现异常晃车、轮轨异响等现象时,立即向行调报告(区段位置准确到百米)。

(2)发现胀轨跑道、钢轨折断时,立即停车,向行调报告(区段位置准确到百米)。

第九章 电客车司机岗位考核大纲及专业词汇表

一、电客车司机岗位考核大纲

(一)培训期限

根据其培养目标和教学计划确定(理论培训不少于 264 学时、实操培训不少于 198 学时、师徒带教不少于 6 个月),培训周期约 9 个月。

(二)培训课程

培训课程见表 9-1。

培训课程　　　　　　　　　　　　　　　　　　　表 9-1

分　类	编号	课程内容	掌握程度	时数	培训方式	备注
部室职责、岗位工作内容	1.1	部室组织架构、职责、对外接口关系	了解	3	理论	
	1.2	电客车司机位职责、工作内容	熟知	1	理论	
	1.3	部室相关规章制度	熟知	1	理论	
岗位基础知识、专业知识	2.1	学习正线线路图和车厂线路图	精通	2	理论	
	2.2	正线弯道学习(具体位置、限速要求及信号降级下的注意事项)	精通	2	理论	
	2.3	行车组织原则、列车运行、非正常情况下的行车组织、信号显示	精通	30	理论	
	2.4	城市轨道交通运营事故(事件)调查处理规则、安全关键点	精通	18	理论	
	2.5	车辆总体描述、车门、牵引和电制动、空气制动系统、辅助系统、自动开关及旁路的名称和功能	精通	30	理论	
	2.6	电客车司机服务规范及基本作业标准、作业安全基本原则、司机出勤、退勤、整备作业、列车出厂、正线运行规定、站台作业、折返作业、列车回厂、洗车作业及注意事项、调车作业、调试作业、正常情况下的行车组织、非正常情况下的行车组织	精通	30	理论	
	2.7	城市轨道交通信号系统基本概念、CBTC 信号系统介绍、正线信号控制系统、司机台信号类开关介绍、常见信号故障及处理程序、计算机联锁控制的作用原理	精通	24	理论	
	2.8	信号降级下的行车组织办法	精通	6	理论	
	2.9	车厂线路布置、车厂信号显示及意义	精通	12	理论	

续上表

分类	编号	课程内容	掌握程度	时数	培训方式	备注
岗位基础知识、专业知识	2.10	电客车故障应急处理	精通	12	理论	
	2.11	信号设备故障处理指南	精通	12	理论	
	2.12	调车、调试管理办法	精通	12	理论	
	2.13	应急处理汇编	精通	12	理论	
岗位操作技能	3.1	检车程序培训	精通	16	实操	
	3.2	试车线 NRM/RM 驾驶培训、模拟驾驶器驾驶练习	精通	48	实操	
	3.3	车辆故障处理培训	精通	98	实操	
	3.4	救援连挂培训	精通	18	实操	
	3.5	模拟驾驶器应急培训	精通	18	实操	
工作流程及作业程序	4.1	出退勤作业流程	精通	6	理论	
	4.2	检车作业流程	精通	6	理论	
	4.3	一次性标准化作业程序	精通	6	理论	
	4.4	洗车作业程序	精通	6	理论	
	4.5	出入厂作业程序	精通	6	理论	
安全生产及风险源、危险源防范	5.1	作业关键点、人为失误点	精通	9	理论	
	5.2	安全学习材料	精通	6	理论	
	5.3	部室安全教育	熟知	12	理论	
师徒带教	6	电客车司机师徒带教	精通		跟岗	6个月
学习时间总计				462		

二、专业词汇表

本书专业词汇见表 9-2、表 9-3。

专业词汇表 1　　　　　　　　　　　　　　　表 9-2

序号	专业词汇	释义
1	CBTC	Communications-Based Train Control 的缩写，基于通信的列车控制系统
2	ATC	列车自动控制系统
3	ATP	列车自动防护系统
4	ATS	列车自动监控系统
5	ATO	列车自动驾驶系统
6	ATP/IATP	ATP 保护的人工驾驶模式 / 点式 ATP 监督下的人工驾驶模式
7	ATS/LCW	微机联锁区域操作员工作站
8	AP	无线接入点
9	CI	正线计算机联锁系统
10	CBTC 列车	在 CBTC 控制模式下，装备有全套车载设备，能正常运行的电客车
11	非 CBTC 列车	CBTC 故障的列车或是没有装备车载设备的列车

续上表

序号	专业词汇	释义
12	DTI	发车指示器
13	ESB	站台紧急停车按钮,设于站台柱墙上,与车站控室内IBP控制盘上的紧急及切除停车报警按钮相连通,当出现危及行车安全情况时,可立即按压使电客车紧急停车
14	ATS 工作站	ATS 的人机接口
15	IBP 控制盘	设于车站控制室内,在IBP盘上设置紧急停车/取消紧急停车、站台扣车/终止站台扣车、计轴预复位(集中站)等按钮和相应表示灯
16	PSL	屏蔽门就地控制盘
17	PSD	站台屏蔽门
18	NRM	非限制式人工驾驶模式
19	RM	限速(25km/h)人工驾驶模式
20	OCC	城市轨道交通运营控制中心
21	进路行车法	信号系统具备点式ATP功能,列车凭地面信号运行,一条进路内(仅指相邻两个同向信号机间的空间)只允许一列车占用的行车闭塞方法
22	区段行车法	将列车运行划分为若干个固定的区段(通常为出站信号机到下一个出站信号机),列车进入区段及在区段内均按地面信号显示行车,一个区段内只允许一列车占用的行车闭塞方法。区段可以由单个或多个信号进路组成
23	预复位	当计轴设备出现干扰显示占用或故障预修复后,采用计轴预复位可将某一个区段的进入和出清轮对数清零,该进路经过列车占用、出清后进路解锁,设备恢复正常
24	计轴区段	由2个相邻计轴设备划定的轨道区段,在信号系统后备模式(点式ATP、联锁)下可根据其占用状态确定列车在信号系统内的运行位置
25	计轴系统	所有计轴点、计轴电路及其他计轴设备的通称
26	跳停	跳停指列车在车站不停车通过。可指一列客车在一个站或沿途所有站不停车;也可指某一站台的一列或所有客车不停车
27	跳停列车	指沿途不停站的客车
28	电客车	指配有列车标志,按规定进行编组的,可载乘客运行的车辆,由2组电动车组组成,每组由3节车厢组成
29	机车	指有内燃机动力的车辆,用来调车和牵引车辆
30	车辆	指没有自带动力的车辆,如平板车等
31	工程车	指由机车和车辆编组而成的列车(含内燃机车、接触网检修车等单机编组)
32	备用车	准备上线替换故障列车或需要加开列车时使用的运用车
33	运用车	按列车运行图投入正线运营的车辆和备用车
34	检修车	转为进行计划性检修或故障检修的车辆
35	调车	除列车在运营线路上运行、车站或车厂到发外,一切机车、车辆或列车有目的移动
36	前方站	指列车运行方向的下一车站
37	后方站	指相对于列车运行方向的车站
38	联锁模式	具备联锁但不具备车载ATP功能的模式称为联锁模式,该模式列车控制完全由司机根据地面信号机显示人工驾驶
39	CC	车载控制器

续上表

序号	专业词汇	释义
40	TOD	信号屏
41	ZC	区域控制器
42	转换轨	城市轨道交通线路基本采用准移动闭塞和移动闭塞信号系统,考虑到车辆段线路比较复杂,一般将车辆段不纳入正线信号系统控制范围,车辆段独立设置计算机系统联锁设备。这样在车辆段与正线之间则存在一过渡区段——转换轨
43	疏散平台	指城市轨道交通运营列车在隧道内出现紧急情况时,疏散乘客的专用通道
44	头端墙、尾端墙	按定义的列车正常运行方向,列车停在车站时头部对应的站台端墙为头端墙,尾部对应的站台端墙为尾端墙,即上行线靠近西流湖站端、下行线靠近市体育中心站端为头端墙,反之为尾端墙
45	列车驾驶模式	电客车共有6种驾驶模式:ATO、ATP、IATP、RM、NRM、ATB
46	首班车	依据当日的运营时刻表,在站投入载客服务的第一列列车
47	末班车	依据当日的运营时刻表,在站投入载客服务的最后一列列车
48	集重货物	指重量大于所装车辆负重面长度的最大容许重量的货物
49	运营时间	为乘客提供城市轨道交通运营服务时间,即线路单一运行方向的始发站从首班车发车到末班车发车之间的时间
50	非正常情况	因列车晚点、区间短时间阻塞、大客流以及设备故障等原因,造成列车不能按列车运行图正常运营,但又不危及乘客生命安全和严重损坏车辆等设备,整个系统能够维持降低标准运行的状态
51	应急情况	因发生自燃灾害以及公共卫生、社会安全、运营突发事件等,已经导致或可能导致事故发生或设施设备严重损坏,不能维持城市轨道交通系统全部或局部运行的状态
52	冲突	系指列车、工程车、车辆相互间或与设备、设施(车库、站台、车挡等)发生冲撞导致列车、工程车、车辆及设备、设施破损
53	脱轨	系指列车、工程车、车辆的车轮落下钢轨轨面(包括落下后自行复轨)
54	整备作业	系指列车、工程车、车辆在车厂、站线进行检查、试验设备功能、清扫等作业
55	中断正线行车	系指在城市轨道交通运营的正线上造成堵塞阻隔状态,不论事故发生在区间或站内,造成双线区间或双线区间之一不能行车时,即为中断正线行车
56	未办或错办行车手续发车	系指电话闭塞法行车时未与邻站(或相邻闭塞办理站)办理手续或办理手续后由于未交、错交、未拿、错拿、漏填、错填行车凭证而发车。(交与司机后,发现凭证的日期、区间、车次错误,亦为错误办理行车凭证发车)
57	列车夹人动车	系指列车夹住人体任何部位动车、人夹在屏蔽门与车门之间动车
58	挤岔	车轮挤过或挤坏(使尖轨与基本轨分离)道岔
59	列车夹物动车	系指列车夹住物品动车、物品夹在屏蔽门与车门之间动车
60	列车冒进信号	列车前端任何一部分越过进路防护信号机显示的停车信号(行车调度员允许越过的除外)
61	错开车门	列车未对好站台开启客室门(指列车至少有1个客室门越出站台头端墙或尾端墙。但经行车调度员同意的除外);开启无站台一侧的客室门(故障情况下经行车调度员同意的除外);在非乘降乘客侧开启客室门
62	列车分离	系指列车因车辆连接状态或车钩作用不良而发生的车辆分离。(包括车钩缓冲装置破损)
63	无驾驶(操作)资格	指未颁发合资格证书的工作人员,在师傅监控下的学员除外

专业词汇表 2 表 9-3

序号	名称	释 义
1	A/C	Air Conditioning（空调）
2	AC	Alternating Current（交流电）
3	AI	Auxiliary Inverter（辅助逆变器）
4	APS	Auxiliary Power Supply（辅助电源）
5	ACSU	Audio Control System Unit（音频控制系统单元）
6	ATC	Automatic Train Control（列车自动控制）
7	ATO	Automatic Train Operation（列车自动驾驶）
8	ATP	Automatic Train Protection（列车自动防护）
9	BSR	Brake Supply Reservoir（制动风缸）
10	CCF	Central Control Function（中央控制功能）
11	CCU	Car Control Unit（车厢控制单元）
12	DACU	Driver Audio Communication Unit（司机音频通信单元）
13	DC	Direct Current（直流电）
14	DCC	Depot Control Center（车辆段控制中心）
15	DCU	Door Control Unit（车门控制单元）
16	DIN	DIN Standard（DIN 标准）
17	DME	Driverless Mode Enable（无人驾驶模式启用）
18	EB	Emergency Brake（紧急制动）
19	EBCU	Electronic Brake Control Unit（electronic portion of the EP2002 Gateway valve）电子制动控制单元（EP2002 网关阀的电子元件）
20	ED-brake	Electro-Dynamic Brake（电制动）
21	EMC	Electro Magnetic Compatibility（电磁兼容性）
22	EP-brake	Electro-Pneumatic Brake（电空制动）
23	Fit	Failure in time（失效率）
24	FWD	Forward（前进）
25	HMI	Human Machine Interface（人机界面）
26	HSCB	High Speed Circuit Breaker（高速断路器）
27	HVB	High Voltage Box（高压箱）
28	ICU	Inverter Control Unit（逆变器控制单元）
29	IEC	International Electrotechnical Commission（国际电工委员会）
30	IGBT	Insulated Gate Bipolar Transistor（绝缘栅双极晶体管）
31	IP	Protection Class（保护等级）
32	KLIP	Klemme für intelligente Peripherieanbindung（Clamp for intelligent connection of peripherals）（外围设备智能连接终端）
33	LED	Light Emitting Diode（发光二极管）
34	LVPS	Low Voltage Power Supply（低压电源，110 V）

续上表

序号	名称	释义
35	MCB	Miniature Circuit Breaker（微型断路器）
36	MRE	Main Reservoir（主风缸）
37	MVB	Multiple Vehicle Bus（多功能车辆总线）
38	OCC	Operation Control Center（运营控制中心）
39	PA	Public Address（广播系统）
40	PACU	Passenger Announcement Control Unit（乘客广播控制单元）
41	PCB	Printed Circuit Board（印刷电路板）
42	PE	Passenger Emergency Alarm（乘客紧急报警）
43	PI	Passenger Information（乘客信息）
44	PICU	Passenger Announcement Intercom Unit（乘客广播对讲单元）
45	PIDS	Passenger Information Display System（乘客信息显示系统）
46	PIS	Passenger Information System（乘客信息系统）
47	PM	Protected Manual（带 ATP 防护的人工驾驶模式）
48	PSU	Power Supply Unit（电源单元）
49	PTE	Portable Test Equipment（便携式测试设备）
50	REV	Reverse（后退）
51	RM	Restricted Manual（限制人工驾驶）
52	SPR	Shop Power Receptacle（车间电源插座）
53	SIBAS	Siemens Bahn Automatisierungssystem（西门子轨道自动化部）
54	TCF	Traction Control Function（牵引控制功能）
55	TCN	Train Communication Network（列车通信网络）
56	TCU	Traction Control Unit（牵引控制单元）
57	TDAC	Trainborne Display & Announcement Controller（车载显示和广播控制器）
58	TOR	Top of Rail（轨顶）
59	VAC	Ventilation Air Conditioning（通风空调）
60	VCU	Vehicle Control Unit（车辆控制单元）

附录 电客车空气管路原理图

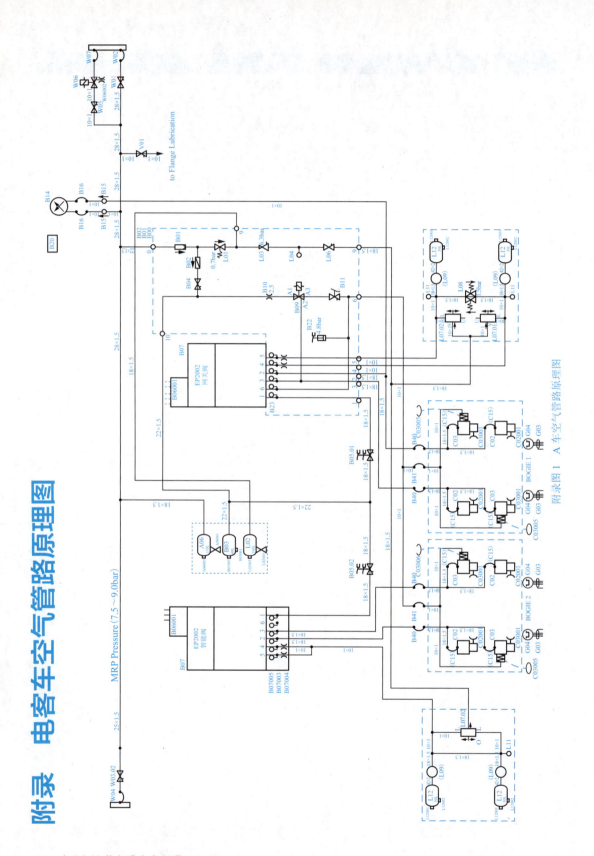

附录图1 A车空气管路原理图

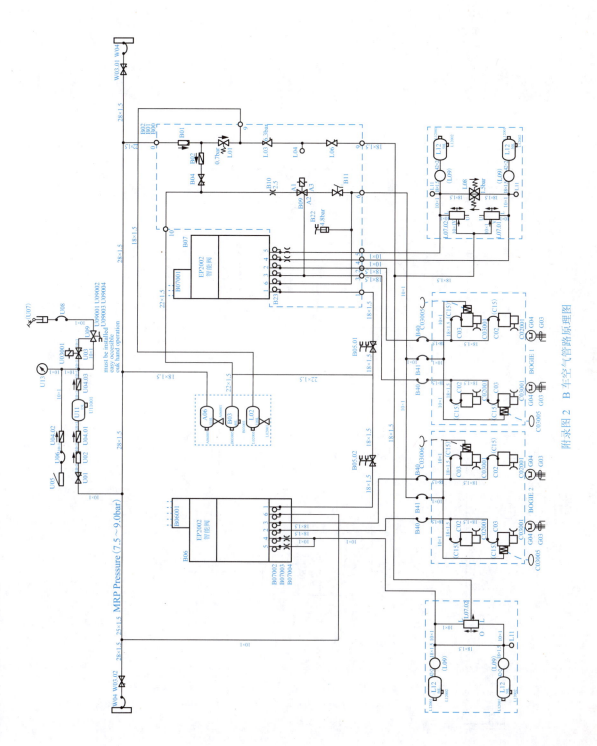

附录图 2　B 车空气管路原理图

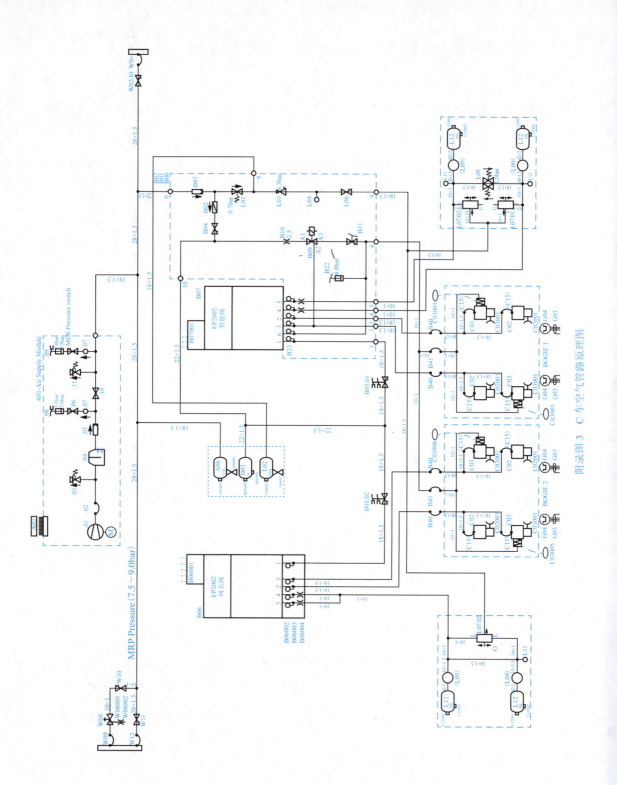

附录图3 C车空气管路原理图

参 考 文 献

［1］GB 5655—1985　城市公共交通常用名词术语［S］.北京：中国标准出版社，1985.
［2］GB 50157—2013　地铁设计规范［S］.北京：中国建筑工业出版社，2014.
［3］GB/T 7928—2003　地铁车辆通用技术条件［S］.北京：中国标准出版社，2003.
［4］GB/T 12758—2004　城市轨道交通信号系统通用技术条件［S］.北京：中国标准出版社，2004.